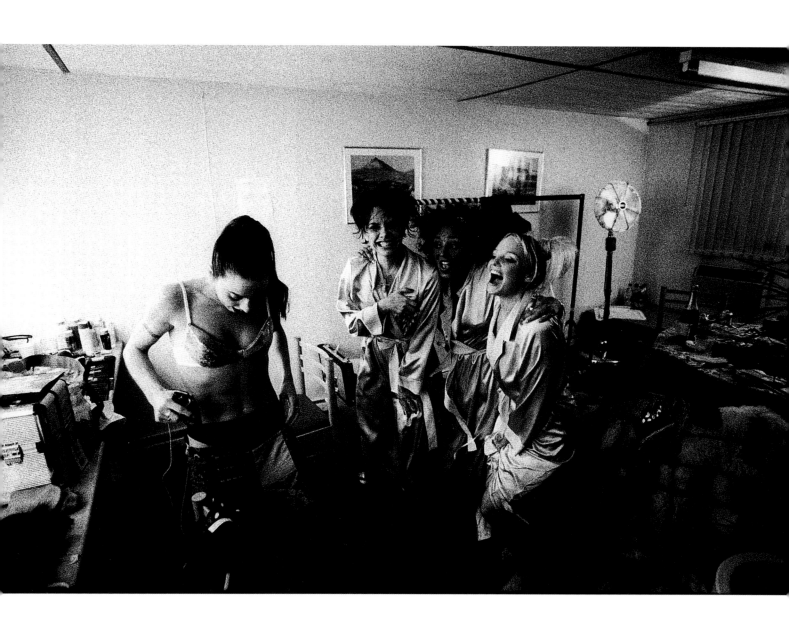

FOREVER SPICE
VON DEN SPICE GIRLS FOTOGRAFIERT VON DEAN FREEMAN

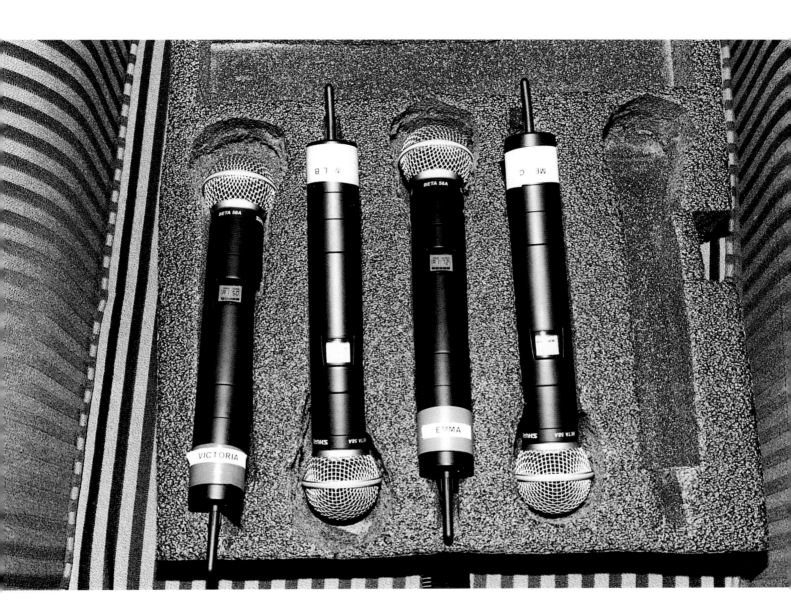

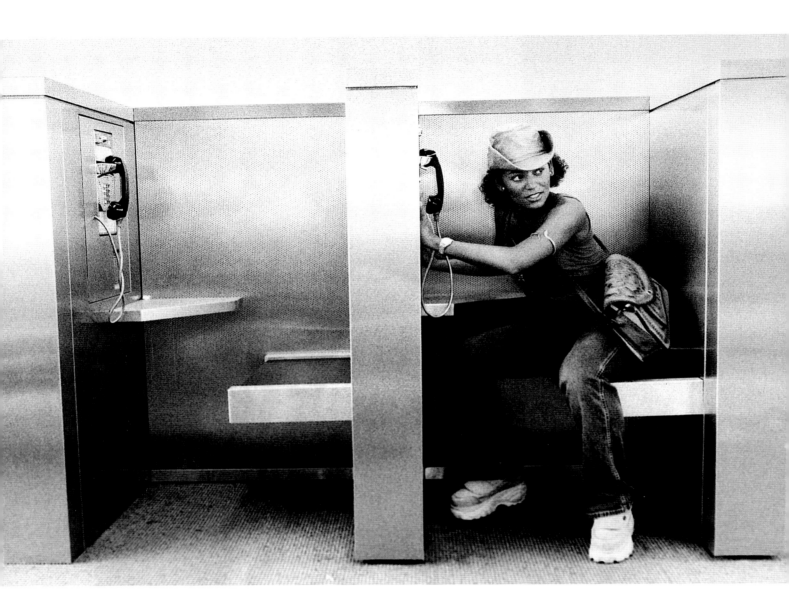

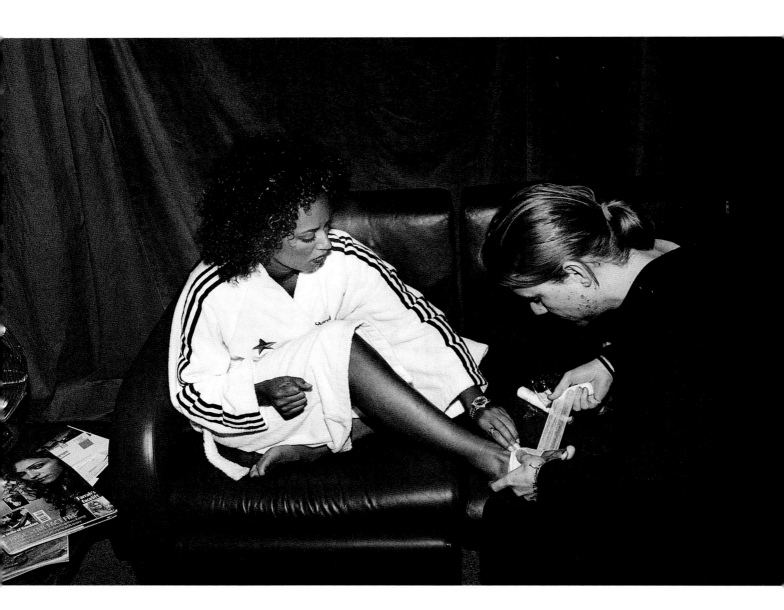

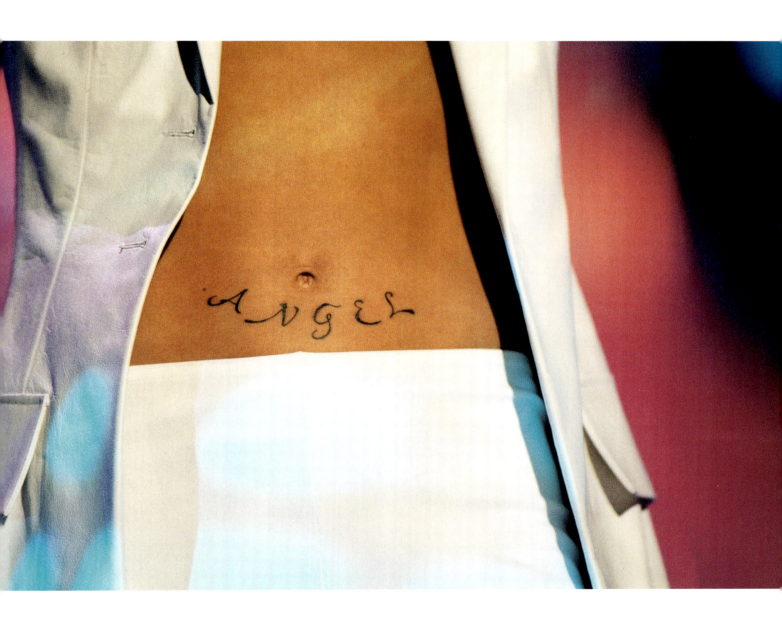

AUF TOUR

Victoria
Ich habe gerade letztens zu den anderen Girls gesagt, dass ich mich noch genau erinnern kann, wie wir in der Schlange beim Arbeitsamt gestanden und unser Arbeitslosengeld abgeholt haben. Und als wir das nächste Mal in einer Schlange standen, haben wir den Brit Award bekommen. Wenn ich zurückschaue auf das, was wir erreicht haben, bin ich immer noch völlig von den Socken.

Melanie C
„Goodbye" war ursprünglich über eine Beziehung, die zu Ende geht, aber jetzt ist es über Geri, und es ist echt traurig.

Victoria (On tour 1998)
Ich vermisse Geri wirklich sehr. Am Anfang war ich echt traurig und ausgebrannt. Im nächsten Augenblick wollte ich ihr eins auf die Nase geben. Das änderte sich von Tag zu Tag. Wir werden drüber hinwegkommen. Ich habe mich gut mit Geri verstanden und sie wirklich gemocht. Ich werde immer ihre Freundin bleiben.

Emma
Eines Tages saßen wir da und sprachen darüber, dass wir schon so lange gearbeitet haben. Wir kamen zu einem Punkt, an dem wir sagten: „Okay, wir wollen definitiv ein weiteres Spice Album machen, aber wenn die Tour im September zu Ende ist, wer weiß, dann wollen wir vielleicht für eine Weile eigene Projekte machen. Geri war die erste, die zur Band kam und sagte, dass sie jetzt ihr eigenes Ding durchziehen will. Ich war total down und weinte. Wir sagten: „Das ist cool. Wir alle wollen das machen, ist okay." Aber ich war total traurig, weil ich fürchtete, dass sie uns irgendwann verlassen würde. Dem Rest von uns war es ziemlich ernst damit, ein weiteres Spice Album zu machen – ihr nicht.

Komisch, am Abend, ehe sie die Band verließ, haben wir im Flugzeug gelacht und rumgealbert. Mel B war hinten ein bisschen laut und Geri und ich haben echt über alles gelacht. Und am nächsten Tag war sie weg. Ich war so wütend. Nicht mal meiner Freundin in Finchley würde ich so etwas zutrauen – und mit der bin ich nicht fünf Jahre dauernd zusammen gewesen. Erst war ich wütend, dann war ich traurig. Ich vermisse sie wirklich oft.

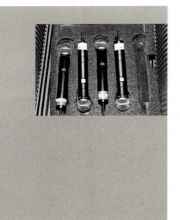

Es war echt hart. Wir hatten 'ne Menge Shows in Europa gemacht. Aber wir waren ziemlich nervös wegen Amerika, deshalb war es wie ein Tritt in den Magen. Obwohl sie nicht da war, mussten wir ja Interviews geben. Wir wussten nicht, was wir sagen sollten, weil wir selbst nicht wussten, was los war; deshalb war es eine schwierige Zeit.

Melanie C rief sie an und fragte: „Was geht ab?" Sie sagte: „Ich kann nicht zurückkommen." Mel und Victoria haben mit ihr gesprochen und gesagt: „Aber das ist doch bescheuert ...". Sie hat sich trotzdem geweigert, zurückzukommen. Also haben wir gesagt: „Gut, okay, wir müssen weiter machen." Es war hart.

Alles in der Show war für fünf angelegt und wir mussten es erst auf vier umarrangieren. Es war nicht so schwer. Bandmäßig war es okay: Sie wollte gehen, und wir wurden damit fertig. Aber über die Freundschaftsseite des Ganzen sind wir noch nicht hinweg. Zu Hause habe ich diesen tollen großen Silberrahmen mit dem Bild von Geri und mir aus der Elle. Ich habe es nie abgehängt, so wie man es mit den Bildern alter Lover tut. Ich werde es nie abhängen, weil Geri ein Teil von mir war und immer sein wird.

Melanie G (On Tour 1998)

Geri war so schnell weg, dass uns gar keine Zeit blieb, um nachzudenken. Wir mussten weiterarbeiten, die Show machen, die Party geben. Es ging so schnell. Es wurde uns erst nach den beiden Shows in Oslo so richtig bewusst, als wir zehn Tage frei hatten. Emma und ich fuhren mit unseren Müttern und meiner Schwester in Urlaub und erholten uns echt gut. Dann ging es: „Hey! Warte mal!" Eine Weile fehlte einfach jemand, aber dann ist man wieder im professionellen Tritt und macht weiter.

Wir hatten jemanden verloren, und das war schlimm, naja, total schrecklich eigentlich. Es gab Zeiten, da fühlte ich mich echt einsam ohne sie, weil sie mein Kumpel war. Zeitweise denkt man ständig dran, aber dann sagt was in dir: Hör auf, dich zu quälen und mach weiter, du musst deinen Job machen. Ansonsten wird man nur down und deprimiert und stellt sich Fragen, auf die man keine Antwort findet, weil sie ja nicht da ist, um sie zu beantworten.

Melanie C (On Tour 1998)

Am Anfang, als Geri weg war, hatten wir zum Glück sehr viel zu tun, sodass wir nicht viel Zeit hatten, darüber nachzudenken. Aber es hat uns voll eingeholt, als wir ein paar Tage frei hatten. Wir waren völlig ausgebrannt und sind nicht mal aus dem Bett aufgestanden. Du weißt schon, wie das ist, wenn man sich kraftlos fühlt, so absolut kraftlos. Es war, als hätte man einen Teil von sich verloren, wie ein Tod. Und auf der Bühne war es auch schwer. Es hat bei den Shows immer viel Interaktion zwischen uns gegeben – und auch immer eine Menge zwischen Geri und mir. Bei den ersten paar Auftritten war es echt seltsam, weil ich dauernd gedacht habe: Wo ist sie bloß?

Ich habe getrauert und hege keinen Groll mehr gegen sie. Ich respektiere ihre Entscheidung jetzt und hoffe, dass, was immer sie in Zukunft tun wird, sich gut für sie entwickelt.

Melanie G

Die ersten Male ohne Geri auf der Bühne waren seltsam. Wir mussten den Text, den sie sang, natürlich zwischen uns aufteilen, und manchmal habe ich einfach vergessen, ihren Part zu singen.

Victoria

Dass Geri gegangen ist, hat uns allen irgendwie einen Tritt in den Hintern gegeben. Dadurch haben wir gedacht, okay, wir können uns nicht hängen lassen. Wir müssen wirklich hart arbeiten, weil wir es allen zeigen wollen. Aber egal, was andere sagen, sie war trotz allem immer eine Freundin, die uns im Stich gelassen hat, und ich habe mich ziemlich alleine gefühlt, nachdem sie weg war.

Victoria

Ich habe das Gefühl, viel mehr Einfluss nehmen zu können, seit wir unseren Manager rausgeworfen haben. Es macht mehr Spaß, es so zu machen, wie wir es jetzt tun. Wir haben ein tolles Büro und echt nette Leute, die für uns arbeiten. Jetzt treffen wir unsere eigenen Entscheidungen, so wie wir das immer wollten.

Emma

Im Rückblick weiß ich nicht genau, was Simon eigentlich wollte. Ob er so viel Geld aus uns herausholen wollte, wie er konnte, weil er nicht geglaubt hat, dass wir uns oben halten ... oder sowas. Sich zu diesem Zeitpunkt von ihm zu trennen, war sicher das Beste für die Gruppe. Ich versuche, nie etwas zu bedauern. Ich glaube, nichts geschieht ohne Grund. Wir waren an einem Punkt, an dem wir wussten, wir schaffen es auch alleine.

Als wir zum ersten Mal zu ihm gekommen sind, kamen wir als wir: Die Girls. Alle Ideen kamen von uns, und wir hatten schon eine Menge Songs. Wir wollten einen Manager, der uns auf die nächste Stufe half, damit wir international rauskommen, nicht jemanden, der alles an sich riss. Das waren nicht wir, aber wir haben alle irgendwie mitgespielt. Tief drinnen wussten wir, was er tat. Es war offensichtlich, dass er wollte, dass diese Gruppe perfekt wird in ihrer eigenen kleinen Seifenblase, ohne Einflüsse von außen. Und wir wollten groß rauskommen und unsere Musik rüberbringen. Unseren eigenen Kram zu schreiben war echt wichtig für uns – und wenn er uns half, dorthin zu kommen, fein.

Victoria

Ich habe mich immer gut mit Geri verstanden und wünsche ihr Glück für das, was sie jetzt macht, aber ich war total geschockt, als sie die Band verlassen hat. Meine Schwester hatte gerade ihre Tochter Liberty bekommen, und ich war auf dem Weg ins Krankenhaus, um sie zu besuchen, als der Anruf vom Anwalt kam.

Zum Glück lief Amerika ausgesprochen gut. Es hätte echt eine böse Zeit für uns werden können, und eine Menge Leute haben versucht, alles schwarz zu malen. Aber auf der anderen Seite war ich überrascht, wie positiv die Leute von den Medien eingestellt waren. Ich dachte, jetzt würde jeder wieder sagen, dass dies das Ende von den Spice Girls sei, deshalb war ich ziemlich erstaunt, als sie das nicht getan haben. Und jetzt tut mir Geri ein bisschen Leid.

Melanie G
Klar, wenn ich Simon auf der Straße treffen würde, würde ich hallo sagen. Ich bin nicht sauer auf ihn, denn er hat viel Gutes getan, was immer sonst auch passiert ist. Er hat uns rausgebracht und international bekannt gemacht. Er wusste genau, was er tat.

Sich von ihm zu trennen, war etwas, das einfach passieren musste – wenn nicht jetzt, dann innerhalb der nächsten Monate. Es war einfach an der Zeit. Wenn Leute auf einmal unterschiedliche Visionen haben, muss man sie angleichen oder eigene Wege gehen.

Ich glaube, er hat einfach nicht gepeilt, wie es um uns stand. Wir sind langsam auseinander gedriftet und mussten wieder zueinander finden. Wir hatten sehr, sehr schnell Erfolg, und es wurde Zeit, sich hinzusetzen und zu versuchen, sich selbst und die anderen zu verstehen – ohne dass jemand uns drängte, noch mehr zu arbeiten. Man brauchte manchmal auch Zeit, um durchzuatmen und in das hineinzuwachsen, was passiert war. Es war eine seltsame Zeit.

Es ging schon eine Weile in diese Richtung, aber die Entscheidung haben wir getroffen, ehe wir zu MTV gingen. Irgendetwas musste passieren, entweder ein großer Streit oder ein richtiger Knall – es brodelte unter der Oberfläche.

Simon warnte einen immer, dass es gefährlich sei, auszugehen. Er versuchte so ein Superstar-Ding aufzubauen, etwas – darüber waren wir uns einig – was wir nie wollten. Wir wollen zugänglich und erreichbar bleiben, wir wollen unsere Einkäufe im Supermarkt machen, wir wollen uns allein durchs Leben schlagen. Aber er packte uns in Watte – das ist eine Weile okay, aber dann fühlt man sich wie ein Außerirdischer.

Seine Philosophie war es, dass unsere Freunde nicht herkommen durften, weil sie uns vom Arbeiten ablenkten. Da war sicher etwas dran, aber wenn einem die Arbeit wirklich wichtig ist, lässt man sich nicht ablenken. Er glaubte nicht, dass wir stark und selbstbewusst genug waren, das selbst zu entscheiden.

Melanie C
Ich glaube, wir alle wollten uns schon eine ganze Weile von Simon trennen, aber wir hatten zu viel Schiss, es voreinander zuzugeben. Als jemand das Thema anschnitt und wir schließlich den Sprung wagten, waren wir uns einig, dass es sein musste.

Die anderen waren am meisten über meine Reaktion geschockt. Melanie und Geri waren echt besorgt, denn sie waren die ersten, die miteinander sprachen und sagten: „Wir müssen was unternehmen." Sie dachten, ich wäre dagegen, uns von ihm zu trennen, weil ich immer Sicherheit brauche. Aber ich war genauso unglücklich wie die anderen. Sie sagten: „Wir finden, wir sollten uns von Simon trennen" – und ich antwortete: „Machen wir!" Da waren sie vielleicht überrascht.

Melanie C (On Tour 1998)
Als wir uns von Simon trennten, war ich so erleichtert! Bis zu dem Tag hatte ich immer ein schlechtes Gewissen, wenn ich nicht täglich trainieren ging. Aber wenn ich jetzt keine Lust habe (was ziemlich selten vorkommt), gehe ich nicht, und es macht mir nichts aus.

Ich gehe immer noch trainieren, und manchmal bin ich wütend auf mich, weil ich nicht mehr so zielstrebig bin wie vorher. Aber früher habe ich es übertrieben. Ich glaube, das war, weil es die einzige Kontrolle war, die ich hatte. Ich war völlig abstinent und habe nie etwas genascht. Jetzt habe ich selbst die Kontrolle über mein Leben. Ich bin lockerer geworden und trinke auch ab und zu mal etwas. Jetzt denke ich mir: Na und?

Emma
Vor der Tour probten wir drei Wochen in Irland – es war harte Arbeit, vor allem für Mel G und mich, weil wir beide nicht gerne ins Fitnessstudio gehen. Singen und tanzen ist toll, weil man sich damit ausdrücken kann. Aber das Fitnessprogramm ist langweilig. Wir hatten einen Trainer, der Mel und mir Extrastunden gab, weil er wusste, dass wir faul sind. Melanie, Geri und Victoria trainierten morgens. Aber Mel und ich sind Morgenmuffel, deshalb mussten wir vor oder nach dem Tanzunterricht gehen. Manchmal gingen wir nicht, hatten dann aber ein echt schlechtes Gewissen. Aber auch ohne Fitnessstudio waren die Tage anstrengend, und ich lag schon um zehn im Bett. Dann kamen die Jungs dazu, das war lustig. Ich erinnere mich, dass wir von einer Probe zurückkamen und sagten: „Die Jungs sind da! Lasst uns gucken gehen, wie sie aussehen."

Melanie C
Wir alle waren Tänzerinnen, ehe wir die Spice Girls wurden; deshalb war es schön, die Tänzer dabei zu haben. Wir sind vom gleichen Schlag. Wir kennen die gleichen Leute, haben die gleiche Wellenlänge - oder wir haben alle einen Schlag.

Emma
Wir sagen immer, dass keiner das Hochgefühl kennt, das wir auf der Bühne kriegten. Das Gefühl, von der Bühne zu kommen, einander anzusehen und zu denken: Wir haben gerade einen Auftritt gehabt und ein tolles Feed-back vom Publikum bekommen! Echt nette Leute kommen rein und sagen: „Es war super!" und „Das war wunderbar!" – aber sie wissen nichts! Manchmal schrien wir aus Leibeskräften, weil die Show toll gelaufen war und wir genau wussten, wie die anderen sich jetzt fühlten. Es war grandios.

Melanie G
Damals in Irland hatten wir alle diese seidenen Morgenmäntel, die Kenny angeschleppt hatte. Sie waren babyblau und seidig – uuurgh! – Aber wir haben sie alle andächtig getragen, sogar Victoria.

Emma
Wir waren echt aufgeregt an diesem ersten Abend, vor allem, weil unsere Familien alle da waren. Ich sage immer, man kann vor Tausenden von Leuten auftreten, aber wenn nur einer dabei ist, den man kennt, ist es viel nervenaufreibender! Der erste Auftritt war am schwersten, aber wir waren immer nervös vor einem Auftritt, besonders Melanie C. Man denkt die blödesten Dinge, wie: Hoffentlich stolpere ich heute nicht! Oder: Ich muss diesen Ton heute treffen! Trotzdem versuche ich immer, dass es mir Spaß macht. Wenn man zu nervös wird, arbeiten die Nerven gegen einen.

Melanie C

Nach der ersten Show waren wir so aufgeregt, dass wir es geschafft hatten. Es war eine Kamera-Crew da, wir alberten rum und waren echt total aufgedreht. Wir sangen ständig: „We are a family!" vom letzten Song der Show.

Melanie G (On Tour 1998)
Ich reise gerne, aber nicht die ganz langen Trips. Es wäre toll, zu reisen, wenn man Lust hat. Einfach zu sagen: „Heute ist mir langweilig, also düse ich kurz nach Amerika und mache eine Show! Es wäre toll, einen Auftritt in der Woche zu haben und den Rest der Zeit frei. Auf Tournee haben wir keine Zeit für uns – wir machen eine Show, rasen in die nächste Stadt, machen die nächste Show – haben höchstens zwischendurch mal einen Tag frei. Aber selbst dann denkt man immer an den Auftritt am nächsten Tag. Ich brauche Zeit, in der ich nichts tun und nichts denken muss. Es ist wichtig, genug Zeit zu haben, darüber nachzudenken, was man eigentlich will, um glücklich zu sein.

Ich habe eigentlich kein Heimweh, weil ich schon ewig nicht mehr zu Hause lebe und gerade ein neues Haus gekauft habe. Am meisten vermisse ich ganz alltägliche Dinge: Freunde besuchen, in Leeds oder London weggehen. Aber ich versuche, mich bei Laune zu halten, indem ich an den freien Tagen schöne Sachen unternehme und zu Hause anrufe.

Melanie C (On Tour 1998)
Tourneen sind anstrengend, aber reisen ist ein Alptraum. Immer in verschiedenen Hotels übernachten, um 5.00 Uhr aufstehen, um einen Bus oder ein Flugzeug zu bekommen. Man wird so müde, und wenn die Vibrations schlecht sind, kann es einen ganz schön runterziehen. Dann haben wir vielleicht einen echt guten Auftritt und sind wieder high. So geht es immer rauf und runter, rauf und runter.

Nach dieser langen Zeit unterwegs ist es unmöglich, kein Heimweh zu bekommen. Ich vermisse meine Familie und meine Freunde, ich vermisse das Fitnessstudio, ich vermisse es, in den Supermarkt zu gehen und einen Alltag zu haben. Essen wird plötzlich extrem wichtig. Auf der Tour wird man mit Essen versorgt und bekommt echt alles, was man will, aber man vermisst die kleinen Dinge, wie zu Hause zu kochen, Flora Margarine oder Hovis Brot. Ich vermisse auch die Fernsehserien. Und ich habe keine Ahnung, was zur Zeit in der Musikszene zu Hause passiert. Ich glaube, man muss in dem Land sein, um die Vibrations vor Ort mitzubekommen.

Victoria (On Tour 1998)

Ich schaue mir keine traurigen Filme an, wenn ich unterwegs bin, weil ich sonst Heimweh bekomme. Emma und ich haben am meisten Heimweh von uns allen. Ich heule jeden Tag, weil ich heim will.

Wenn ich heimkomme, denke ich: Gott, habe ich das alles vermisst! Mein Bruder ist plötzlich so groß und hat einen Bart. Meine Schwester hat gerade ein Kind gekriegt – ich habe es nicht mitbekommen, wie schnell sie groß geworden sind, und ich denke mir dann, wo ist bloß die Zeit geblieben? Ich bin immer viel in der Welt herumgereist, was ja auch toll ist und alles, aber ich fühle mich meiner Familie so nahe, dass ich ständig meine Mutter anrufe, wenn ich nicht gerade arbeite.

Ich fühle mich meiner Mutter und meiner Schwester so nahe. Als ich letztens anrief, sagte meine Mum: „Deine Schwester ist gerade mit dem Baby gekommen." Ich konnte es im Hintergrund hören. Sie haben die Schaukel für das Baby aufgehängt, die es in den Schlaf wiegt und dabei Musik spielt. Ich konnte im Fernseher die East Enders* im Hintergrund hören und wie mein Dad mit Fish and Chips für alle wiederkam. Mein Bruder war gerade von der Arbeit gekommen, und ich hörte, wie das andere Telefon klingelte und dass die Freundin meiner Schwester dran war. Und ich war ganz allein. Okay, wir sind berühmt und machen das, was uns Spaß macht, aber alles, an was ich in dem Augenblick denken konnte, war, Gott, wie ich meine Familie vermisse! Sogar zu sehen, wie die Fenster völlig beschlagen, weil meine Mum das Essen anbrennen lässt und wir einen Stuhl in die Tür stellen müssen, damit der Feueralarm nicht losgeht.

Ich war immer so stark. Aber dazu habe ich keine Lust mehr. Ich will mich einfach fallenlassen und heulen, damit jemand sagt: „Mach dir keine Sorgen, ich bin jetzt stark für dich." Ich habe es satt, dauernd zu kämpfen und meinen Schild jeden Tag vor mich zu halten. Ich will mich hinlegen und jemand anderes soll vor mir stehen und sagen: „Ich beschütze dich!"

* East Enders: tägliche Seifenoper im englischen Fernsehen.

Emma

Ich bekam kein Heimweh, weil wir meistens sehr viel zu tun hatten. Aber wenn wir nicht beschäftigt waren, habe ich mein Zuhause vermisst, ganz doofe Sachen, zum Beispiel „Blind Date"* zu schauen oder mit den Girls wegzugehen. Wenn wir wieder zu Hause waren, habe ich das dann gemacht und fand es echt aufregend.

Das Heimweh wird gegen Ende einer Tournee natürlich weniger, weil man weiß, dass es nicht mehr lange dauert. Europa war einfacher, weil man zwischen den Auftritten auch mal heim konnte – aber das machte es auch wieder schwerer. Man kam heim, fuhr weg, kam wieder heim. Als wir nach Amerika gingen, drei Monate Tournee vor uns, haben wir geheult. Dann sagten Victoria und ich: „Aber das ist das letzte Mal, dass wir uns verabschieden müssen." Davor war es ständig: „Okay, ciao, ich muss wieder los." Aber diesmal wussten wir, wenn wir uns wiedersehen, dann bleiben wir. Das war okay. Wir versuchen immer, alles positiv zu sehen.

* „Blind Date" ist die britische Version von „Herzblatt".

Melanie G

Dieser Tag war absolut irre. Da waren all diese Sicherheitsmänner um uns herum, aber die haben uns mittendrin um Autogramme gebeten. Die sollten uns vor den Fans beschützen, aber weil sie eine Uniform trugen, kamen sie einfach näher an uns ran als die Fans.

Emma

Es ist eigentlich ganz nett, Aufpasser zu haben, das gibt einem ein Gefühl von Sicherheit. Wenn ich alleine auf der Straße lief, dann sagten die Leute: „Ist das nicht ...?", aber wenn ich mit Mel unterwegs war, waren sie sich sicher, dass wir es waren, und deshalb brauchten wir Leute um uns. In England fahre ich alleine herum. Aber Amerika ist viel extremer, deshalb war es gut, jemanden zu haben, der auf uns aufpasste.

Melanie C

Unsere Aufpasser waren echt diskret. Aber manchmal, wenn man in Europa oder Amerika Sicherheitsleute hat, sind das so muskelbepackte Typen, die alle nur rumschubsen, was echt peinlich ist. Man fühlt sich wie ein Idiot, wenn das passiert.

Victoria

Auf den Tourneen passten wir alle aufeinander auf und haben uns sogar die Mütter geteilt. Wenn die Mum von einer von uns zu Besuch kam, war sie immer gleich die Mum von uns allen.

Melanie C

Auf den Tourneen habe ich nie viel gefeiert. Die anderen wissen, wie diszipliniert ich bin, so war ich immer schon. Wir akzeptieren und respektieren einander so, wie wir sind. Aber das Witzige ist, wenn ich ausgehe und feiere, dann bin ich ausdauernder als der Rest. Dann bin ich immer diejenige, die noch auf den Tischen tanzt, wenn alle anderen schon im Bett sind. Ich kann es wilder treiben als alle anderen zusammen. Aber ich tu das eben zur richtigen Zeit und am richtigen Ort.

Emma

So wie ich mich an die Tournee erinnere, hatten wir eine Menge Spaß, Partys und waren immer mit vielen Leuten zusammen. Wenn ich richtig nachdenke, war ich natürlich auch oft müde, aber ich denke vor allem an die guten Zeiten.

Vielleicht habe ich es besser durchgestanden als die anderen, weil ich jünger bin (nicht wirklich!)! Ich treffe mich oft mit zwei der Tänzer, Louie und Carmine, und wir erinnern uns an alte Zeiten, sogar an die Abende, wenn wir den Room-Service bestellt und einen Film geguckt haben: Dann haben wir zu sechst auf dem Bett gelegen und ein Video geschaut.

Louie und Carmine sind jetzt zwei meiner besten Freunde, und wir treffen uns oft, echt cool. Mit ihnen habe ich den Kontakt gehalten, obwohl ich mich mit der ganzen Crew und Band angefreundet habe. Wenn wir nach dem Auftritt noch weggegangen sind, war es wirklich die ganze Band, die Tänzer und die Crew.

Wenn ich daran denke, wie Mel B und ich im Tourbus mitgefahren sind, das war witzig! Da war dieser eine Abend nach einem Auftritt, als wir so hungrig waren, dass wir geradewegs zu McDonald's gefahren sind. Wir waren ein bisschen spät dran, und sie hatten gerade geschlossen. Wir klopften an die Tür und riefen: „Bitte, bitte macht auf! Wir sind die Spice Girls! Wir geben euch Autogramme! Wir brauchen Big Macs!" Es war so witzig!

Emma

In Europa war es für uns alle einfacher, weil wir nicht so weit von zu Hause weg waren. Wenn wir am Wochenende frei hatten, konnten wir nach Hause fliegen. Ein Großteil von Europa ist echt schön, viel Kultur und das Essen ist klasse. Amerika war harte Arbeit, deshalb verbrachten wir mehr Zeit auf unseren Zimmern als auszugehen, ließen den Room-Service kommen und sahen fern.

Wir versuchten so viel wie möglich zu unternehmen in Amerika. Dort wollte ich schon immer mal hin und es gefiel mir. Aber wir rasten dermaßen durch das Land, dass es schwer war alles mitzukriegen. Der beste Tag war, als wir alle zu Disney World in Florida gingen. Die gesamte Band, alle Tänzer und eine Menge Leute von der Crew kamen mit und es war ein toller Tag. Wir mussten nirgendwo anstehen, haben alle fünf Minuten etwas anderes gegessen – es war super!

Wir fuhren bestimmt dreimal mit dem „Space Mountain" – dann war uns schlecht. Die anderen fuhren mit diesem Karussell, das „Aliens" hieß, bei dem man neben diesen riesigen Aliens lief. Ich habe diese Phobie vor großen Dingen (z. B. Flugzeugen) also saß ich eine Viertelstunde draußen und fühlte mich total bescheuert. Als Kind habe ich Jahrmärkte geliebt. Ich fuhr immer mit den großen Karussells, wie dem Riesenrad.

An einem Tag machten wir diesen Ausflug an die Niagarafälle. Aber ich kam nicht mit, sondern sonnte mich zusammen mit Victoria und Mel und anschließend waren wir im Kino, um Cinderella mit Drew Barrymore zu sehen. Ich wollte einfach ein bisschen abhängen an dem Tag.

Melanie C

Wir hatten ein wunderbares Flugzeug. Es war ziemlich groß, weil so viele Leute mit uns reisten. Wir hatten einen netten Steward und eine Stewardess, die sich um uns gekümmert und unsere Lieblingsgerichte zubereitet haben. Nach einem Gig waren wir immer am Verhungern. Ich aß meistens jede Menge Sushi und Obst. Sie haben auch besondere Gerichte zubereitet wie Tortillas, Chicken Wings und jede Menge Müsli. Man gewöhnt sich ans Fliegen. Wenn man mal gegen das Reisen abgehärtet ist, bleibt das, auch wenn man eine Weile nicht verreist. Manchmal ist es ganz nett, weil das die einzige Zeit zum Entspannen ist. Man kann ja nicht viel machen in einem Flugzeug.

Melanie G

Wenn ich zurückschaue, sehe ich die Tournee als kompletten Wahnsinn. Wir waren immer auf Achse, verschiedene Städte, verschiedene Hotels, in Autos und Flugzeugen hin und her hetzen, alle möglichen Leute treffen, es war irrsinnig! Aber obwohl es irrsinnig war, fühlte man sich sicher und normal, weil man immer mit den gleichen Leuten zusammen war, die irgendwie fast wie eine erweiterte Familie waren.

Es war aufregend, weil wir immer unterwegs waren und nie zu vertraut mit einem Ort wurden. Wir haben auch einige tolle Ausflüge mit der ganzen Crew gemacht, nach Disney World und an die Niagarafälle. In Europa sind wir jeden Abend in einer großen Gang ausgegangen. Es war klasse. Eines Abends waren fünf von uns weg und haben sich von unserem Kumpel Claudio tätowieren lassen, der die ganze Nacht hindurch arbeiten musste, um alle fertigzubekommen. Damals habe ich mir die Zeichen auf meinem Bauch machen lassen.

Melanie C

Ich habe mir während der Tourneen einige Tätowierungen machen lassen. ANGEL habe ich mir in Mailand auf den Bauch machen lassen, und eine weitere am Ende der Wirbelsäule in Amerika. Das um meinen Arm ist ein keltisches Band, das war mein erstes. Es zeigt die Verbundenheit mit dem eigenen Stamm, also denke ich in dem Fall meine Treue zu den Spice Girls. Sobald man ein Tattoo hat, wird man süchtig und denkt sofort an das nächste. Über das keltische Band habe ich japanische Zeichen machen lassen, weil sie mir gefielen. Sie bedeuten „Frau" und „Kraft" – Girl Power! Das Witzige ist, ein japanisches Mädchen, das ich mal getroffen habe, sagte, dass man dieses Symbol an jeder Damentoilette in Japan findet!

Ich fühlte mich ein bisschen einseitig mit den beiden Tattoos auf dem rechten Arm, also ließ ich mir eines auf den linken Arm machen. Das keltische Kreuz hat mir schon immer gefallen; es bedeutet Glück und beschützt einen. Dann wollte ich immer ein geschriebenes Tattoo, aber wusste nicht wohin. Am Ende fand ich, mein Bauch wäre ein guter Platz dafür, weil ich dann immer einen Anreiz habe, in Form zu bleiben.

Melanie C

Mein Großvater und meine Stiefgroßmutter starben an Krebs, während ich auf Tournee war. Sie sind jetzt meine Schutzengel, die nach mir schauen.

Deshalb wollte ich etwas, das zeigt, dass ich noch an sie denke, obwohl sie nicht mehr da sind. Also habe ich das Bauch-Tattoo mit dem Wort ANGEL machen lassen. Für mein letztes Tattoo am Ende meiner Wirbelsäule wollte ich etwas Erdverbundeneres. Anthony von den Red Hot Chili Peppers half mir beim Entwerfen. Als Vorlage benutzten wir das tibetanische Symbol für „Fundament". Mir gefällt oft das Äußere von etwas, und später stelle ich dann fest, dass es sehr bedeutsam ist. Mit der Zeit bekommen diese Tattoos eine immer größere Bedeutung für mich. Es war schlimm, als meine Großeltern starben, weil ich nicht bei meiner Familie sein konnte. Auf der anderen Seite war es auch gut, beschäftigt zu sein, weil ich dann nicht so viel grübeln konnte. Manchmal hatte es sogar etwas Magisches, weil ich, obwohl ich mit einer Menge anderer Leute auf der Bühne stand, trotzdem eine Art Einsam-

Emma

Wir sahen uns fast jeden Tag, aber wir ließen einander auch Raum. Es gab Tage, wenn David da war und man dachte, lass die beiden in Ruhe. Sie haben ja nur zwei Tage.

Melanie C

Ich fand es gut, wenn die anderen Mädels ihre Freunde da hatten, weil ich will, dass sie glücklich sind – und das lenkt sie von mir ab. Dann kann ich auch mal alleine sein, und das mag ich.

Victoria

An den freien Tagen bin ich oft mit den anderen Girls zusammen, auch wenn wir nur im Zimmer sitzen und den Room-Service bestellen, spazieren oder einkaufen gehen. Wir sind auch oft essen gegangen. Melanie und Emma sind diejenigen, die in Discos gehen, während ich mir lieber mit Mel C ein Video anschaue.

Das Tolle ist, dass ich bei ihnen immer sein kann, wie ich bin. Wir kennen einander so gut, und wir haben einander schon glücklich, traurig und heulend erlebt – die ganze Palette. Wir fühlen uns einfach wohl miteinander. Es dauert, ehe man dieses Stadium in einer Freundschaft erreicht, aber zusammenzuleben ist eine gute Grundlage dafür. Wir haben fast ein Jahr in einem Haus in Maidenhead zusammengelebt, waren also schon gute Freunde, ehe wir berühmt geworden sind. Das war gut, weil wir alle wussten, wie es ist, das herbeizusehnen – und dann ist es klasse, wenn es passiert und man andere Leute hat, mit denen man das genießen kann.

Melanie C

Ich könnte mich nie unwohl fühlen mit den anderen zusammen. Es gibt keine peinliche Stille zwischen uns. Wir können alles tun voreinander – sogar kacken. Wir sind schon so lange zusammen, dass wir mehr wie Schwestern sind. Wir knuddeln und umarmen uns dauernd. Aber es ist okay, die andere auch mal wegzuschieben: Man kann sagen: „Lass mich in Ruhe!", und keine ist beleidigt, weil wir alle wissen, dass wir einander wirklich lieben.

Melanie C
Alle haben mich angemacht, weil ich ein Brasilien-Top anhatte, aber wir waren sowieso aus dem Weltcup ausgeschieden, deshalb weiß ich gar nicht weshalb die Aufregung.

Ein leerer Zuschauerraum hat eine ganz besondere Ausstrahlung, wegen all der vergangenen Konzerte und wegen all dem Blut, Schweiß und den Tränen, die hier schon geflossen sind. Es ist immer eine bestimmte Magie da, aber kein Vergleich dazu, wenn er voller Leute ist.

Melanie G
Wir hatten eigentlich keine Routine. Das Einzige, was immer gleich ablief, war die Zeit vor dem Auftritt: Soundcheck, dann essen gehen, Sit-ups machen, Haare und Make-up zurecht machen und auf die Bühne gehen. Alles Weitere lief immer unterschiedlich ab.

Melanie C
Wir haben fast alle Songs, die wir auf der Tour gesungen haben, selbst geschrieben, deshalb ist einem jedes Wort wichtig beim Singen. Es ist unsere Geschichte, meine Geschichte, es sind unsere Worte, meine Worte. Wenn ich „2 become 1" singe, denke ich an jemanden und habe echte Gefühle wegen etwas, das wirklich passiert ist. Das geschieht ganz von selbst.

Emma
Das war im Wembley Stadion. Ich habe wahrscheinlich gedacht, was habe ich denn da an den Füßen?

Melanie C
Keine Ahnung, wie jemand in diesen albernen Schuhen tanzen konnte!

keit dort oben fühlen konnte. Man kann tatsächlich dort oben stehen und vor Tausenden von Leuten singen, aber sich trotzdem alleine fühlen. In solchen Situationen kann man eine besondere Präsenz spüren. Mein Großvater mochte „Viva forever" ganz besonders, und manchmal, wenn wir das auf der Bühne gesungen haben, hatte ich das Gefühl, er wäre da, und ich würde nur für ihn singen.

Meine Großeltern hatten beide schon lange Krebs. Wir wussten, dass wir sie verlieren würden, aber es war trotzdem sehr traurig. Wir waren im März in Frankreich, als der Anruf kam. Meine Mama flog sofort nach Hause, und dann, kurz nachdem sie daheim war, starb mein Großvater. Es war furchtbar, so weit weg von zu Hause zu sein. Aber zum Glück waren die Girls da. Die haben sich echt toll um mich gekümmert.

Victoria
Wahrscheinlich sagt David hier: „Willst du diese Perücke heute abend echt aufsetzen? Du weißt, dass das doof aussieht, oder?" Die Mädels haben mir das Armband zum Geburtstag geschenkt. Jugendstil, mit Diamanten drin.

Emma
Die Fans sind ganz unterschiedlich, je nachdem, wo man ist. In Europa waren es viele Jungs, oft älter, aber ziemlich laut und lustig. Das englische Publikum ist recht jung. Die Amerikaner schreien und singen mit, aber in Europa sind die Leute ein bisschen lebhafter, und der Sound, der von ihnen kommt, ist viel tiefer.

Victoria
Ich mag das Publikum in Europa lieber. Die sind echt verrückt und schreien vorne wie wild. Ich finde, das Publikum in Amerika ist reservierter. Außerdem haben wir oft in Orten am Ende der Welt gespielt, Städte, von denen ich noch nie gehört hatte. In Amerika hat es auch viel länger gedauert, zu den Veranstaltungsorten zu gelangen. Wir mussten Ewigkeiten fliegen und dann noch ellenlang mit dem Bus fahren, so große Entfernungen waren das. Das Essen in Europa mag ich lieber, besonders, weil man fast überall einen Marks & Spencer findet. Und die Zeitverschiebung macht einen großen Unterschied, wenn man zum Hörer greifen und jemanden anrufen will. Man kann nicht einfach anrufen – man muss die Zeitverschiebung ausrechnen und dann oft noch stundenlang warten, bis sie zu Hause aufstehen. Soviel Spaß es auch gemacht hat, für mich war es in Amerika sehr, sehr schwer.

Melanie C
Unsere Fans sind der absolute Wahnsinn! Sie sind bei allen Gigs so mitgegangen. In Manchester und New York hatten wir wahrscheinlich das anspruchsvollste Publikum – aber sie waren auch traumhaft und wir haben die Halle zum Toben gebracht.

Melanie G
Manchmal hatten sich die Mütter als Spice Girls verkleidet, manchmal die Kids. Manchmal waren in der ersten Reihe ältere Leute, die sich am Anfang des Konzerts hinsetzten, aber nach ein paar Liedern echt ausflippen. Alle, Opas, Kids, Mütter ... Alle! Es war klasse, das zu sehen, absolut spitze! Bei jedem Konzert haben wir jemanden rausgedeutet und vom Kameramann groß auf die Leinwand holen lassen. „Hey, du! Du tanzt ja gar nicht! Du lächelst nicht!" Sie mussten vor allen aufstehen. Das war ziemlich lustig.

Mit das beste Publikum hatten wir am Geburtstag von meinem Dad. Ich habe eine Party für ihn organisiert, weil sein Geburtstag am 28. und meiner am 29. Mai ist. Es war kurz nachdem Geri weg war und deshalb war es gut, dass da noch etwas anderes los war. Ich ließ meinem Dad Löcher in die Ohren stechen.

Wir feierten die Party in meiner Wohnung und das Motto war „Cowboys". Alle mussten Jeans und ein weißes T-Shirt tragen, wenn sie kamen. Und jeder erhielt entweder einen Cowboyhut, ein Halstuch oder einen Sheriffstern.

 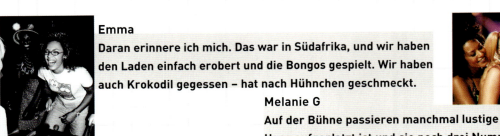  

Emma
Daran erinnere ich mich. Das war in Südafrika, und wir haben den Laden einfach erobert und die Bongos gespielt. Wir haben auch Krokodil gegessen – hat nach Hühnchen geschmeckt.

Melanie G
Auf der Bühne passieren manchmal lustige Sachen, zum Beispiel als Melanie C die Hose aufgeplatzt ist und sie noch drei Nummern auf der Bühne bleiben musste.

Victoria
Einmal ist mir eine große, klebrige Motte in die Haare geflogen und hat sich verfangen. Ich wusste nicht, was ich tun sollte. Ich rannte von der Bühne, damit jemand sie rausholt.

Etwas ganz Peinliches passierte mir auf einer Tournee irgendwo in einem Hotelzimmer. Ich hatte mir ein Mineralwasser aus der Minibar genommen und konnte den Flaschenöffner nicht finden. Er war weder in der Minibar noch im Badezimmer, und ich dachte: „Wo in aller Welt ist dieser Öffner?" Schließlich fand ich ihn, er hing an einer rostigen Kette an einer Wand. Ich zog – und die ganze Wand fiel um. Es war schrecklich und stank ganz bestialisch.

Melanie G
Wir versuchten immer, das Beste aus unseren freien Tagen zu machen, zum Beispiel ein Picknick an den Niagarafällen, bei dem wir alberne Taucherbrillen trugen. Wenn eine von uns – Emma oder ich – niedergeschlagen aufwachte, dann sagte die andere: „Komm, wir unternehmen etwas!" Diese Ausflüge machten allen Spaß, weil wir eine VIP-Sonderbehandlung bekamen, was echt klasse war. Es war super, mit allen in Disney World herumzugehen, ohne sich anstellen zu müssen. Alleine hätte man zu sowas keine Lust, weil man sich dann blöd vorkäme, aber in einer Gruppe von 20 war das toll.

Ich kann mich an jedes Konzert erinnern, als wäre es gestern gewesen. Irgendetwas Ungewöhnliches passierte immer. Einmal flog eine Taube auf die Bühne, und ich konnte sie nicht wieder vertreiben. Sie folgte mir bei dem gesamten Konzert überall hin, und ich flippte echt aus. In Arizona traten wir ein paar Mal mitten in der Wüste auf. Am Ende von „Sisters" lassen Mel und ich uns immer auf den Boden fallen, und bei dem einen Konzert in Arizona haben wir die Augen aufgemacht und lauter Grillen auf der Bühne gesehen. Es war fürchterlich! An einem anderen Abend waren Massen von seltsamen geflügelten Insekten in der Luft. Beim Singen flog einem plötzlich so ein riesiges summendes Tier ins Gesicht. Es war Wahnsinn!

Manchmal fiel einer von uns auch das Mikro runter, oder eine fing mitten im Song an zu heulen. Oder eine von uns sah plötzlich jemanden zum 10. Mal hintereinander im Publikum. Wir teilten einander immer irgendwie heimlich mit, was vor sich ging, was oft ziemlich lustig war. Wenn ich an der Reihe war, einen Song anzusagen, kündigte ich manchmal an: „Victoria hat Euch etwas Wichtiges zu sagen." Dann zischte sie „Was?" und versuchte sich schnell etwas zu überlegen. Wir haben uns immer für solche Tricks gerächt. In Sheffield haben die anderen mir all die Male, die ich sie in brenzlige Situationen gebracht hatte, heimgezahlt. Es war der 12. September, der Tag bevor ich heiraten wollte. Sie haben Jim dazu gebracht, auf die Bühne zu kommen und mir dort vor allen einen Antrag zu machen. Normalerweise wand ich mich immer irgendwie raus, wenn sie mich dran bekamen, aber dieses Mal konnte ich nicht viel tun.

Wir hatten immer eine Menge Spaß vor „Sisters". Emma und Victoria gingen auf die Bühne und sagten: „Wir haben die beiden Mels verloren. Weiß jemand, wo sie stecken?", während Mel und ich unsere Rock-Outfits anzogen. Dann gingen die beiden von der Bühne und Mel und ich zogen unseren Scherz hinter der Bühne durch. Das Publikum konnte uns zwar hören, aber wusste nicht, wo wir waren. Wir sagten jeden Abend etwas anderes. Melanie tat zum Beispiel so, als wäre sie oben auf dem Balkon und rief: „Hey, zieh Leine, Mann! Nein, ich gebe dir kein Autogramm! Weg mit dir!" Und das Publikum wusste nicht, wo ihre Stimme herkam – es war echt witzig.

Hinter der Bühne, wo wir uns umzogen, war immer eine Menge los. Wir hatten unsere eigenen Garderoben, die Tänzer nicht. Louie und Carmine machten Polaroids von sich und klebten sie in unsere Garderoben. Melanie hatte ihre ganze Garderobe voller Liverpool F. C.-Kram und Vicky hatte David überall in ihrer hängen. In meiner Garderobe roch es immer so seltsam und ich kam einfach nicht darauf, warum. Am Ende der Tournee erzählte Carmine mir, dass meine Garderobiere immer Blähungen hatte. Und ich dachte die ganze Zeit, es käme von mir! Ich war ziemlich erleichtert.

Zwischen unseren Garderobieren knisterte es immer. Mal verstanden sie sich, dann wieder nicht. Es gab immer einen regelrechten Wettstreit unter ihnen, wer die Schnellste war. Wenn eine von ihnen zum Beispiel Mel C am schnellsten umgezogen hatte, hatte diejenige, die am langsamsten war, für den Rest des Abends schlechte Laune. Das war echt immer lustig.

Wenn einer von der Truppe eine durchgemachte Nacht hinter sich hatte, dann zogen wir denjenigen während der Show immer damit auf. Einer von der Band war mit einer vom Catering zusammen, und manchmal bauten wir das in unsere Vorstellung mit ein: „Und am Schlagzeug ist Fergus, der mit Michelle vom Catering geht." Aber wir sagten das so schnell, dass nur sie verstanden, was wir gesagt hatten, niemand anders.

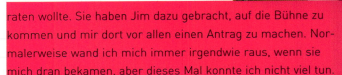

Melanie C

Mein Pferdeschwanz flog mir an diesem Abend in Wembley weg, bei unserem wichtigsten Gig! Es war lustig. Das mag ich an Live-Shows, sie sind jetzt und hier, und wenn es schiefgeht, dann ist es vorbei, und man macht halt weiter. Aber wenn man gefilmt wird, ist das für ewig! Das ist ein wenig beängstigend.

Als Tänzer ist man Teil eines Ganzen, dann muss die Show einfach weitergehen, egal wie. Niemand weiß, dass etwas schiefgegangen ist. Aber das Schöne daran, eine Persönlichkeit zu sein, ist, dass man seine Fehler mit dem Publikum teilen kann. Man kann über sich selbst lachen und sie zum Mitlachen bewegen.

Melanie G

Die meiste Zeit reisten Emma und ich im Bus der Tänzer mit. Ansonsten flogen wir in einem Privatflugzeug. Es war eine ganz andere Atmosphäre. Als Molly und ihr Freund das Catering übernommen hatten und es gab echt leckeres Essen, zum Beispiel eine gute Auswahl an Käse, oder Sushi. Manchmal flog auch die Band mit uns, weil sie sonst 48 Stunden oder so zum Veranstaltungsort hätten reisen müssen. Einmal hatten zwei Bandmitglieder Geburtstag und es war ein großes Hallo im Flugzeug. Es war klasse. Im Flugzeug konnte man sich prima entspannen oder sich nach dem Gig den Bauch vollschlagen. Und das beste daran, ein eigenes Flugzeug zu haben, war, dass keine anderen Leute mitflogen und man nicht diese langweiligen Sicherheitsinstruktionen über sich ergehen lassen musste.

Die Fahrt vom Flughafen zum Gig oder zum Hotel war immer recht interessant – und manchmal ziemlich skurril. Da war man irgendwo in Oklahoma, wo der einzige Radiosender weit und breit ein Country-Sender war. Und auf dem ganzen Weg zum Hotel musste man Country-Musik hören, weil wir die Musik immer laut haben wollten, damit der Busfahrer nicht mitbekam, was auf der Party letzten Abend passiert ist. Wir fragten dann immer: „Äh, ist das der einzige Sender hier?" Dann suchte der Busfahrer die Sender durch, aber alle spielten dieselbe Musik. Manchmal gab es einfach keinen Rock oder Blues, sondern nur diese seltsame Folkmusic. Und man konnte drauf wetten, dass der Fahrer sich umdrehen würde, um zu fragen: „Kann ich ein Autogramm haben?"

Manchmal haben wir einander gefragt: „Sollen wir heute Abend Zugaben geben?" Manchmal waren wir so fertig, dass wir dachten: „Oh Gott, und jetzt nochmal vier Songs!" Aber wir haben es immer getan. Immer! Und wenn eine von uns sagte: „Ich hab genug von dieser Show!", dann sagte eine von den anderen immer: „Komm schon, wir haben ja nur noch (so und so viele) Vorstellungen. Wir haben es bald geschafft!"

Manchmal war ich ein wenig down, wenn mir klar wurde, dass ich noch mehr als 90-mal auftreten musste, obwohl es toll und aufregend ist, dort oben zu stehen. Es ist nur so: Wenn man eine tolle Vorstellung hat und man weiß, man muss das jetzt noch 90-mal machen, kann man sich nicht hängen lassen, weil die Leute schließlich Geld bezahlen, um einen zu sehen. Sobald man auf der Bühne steht, macht man es einfach. Aber manchmal fühlt man sich wie im Gefängnis, wo man die Tage ausstreicht.

Aber ich hatte kein Heimweh. Ich hatte keinen Freund zu Hause, kein Haus mehr, weil ich meine Wohnung gekündigt hatte und jetzt aus dem Koffer lebte. Mich band nichts an zu Hause als meine Familie und die kamen mich alle ein paar Mal besuchen. In der Beziehung hatte ich es besser als Vicky und Emma, die ihre Mums und ihre Freunde vermissten. Mel C und ich waren ungebundener in dieser Hinsicht.

Wenn man mit dem Bus fährt, fährt man zehn Stunden, und während dieser Zeit kann man essen, rumlaufen, schlafen und fernsehen. Im Flugzeug ist man höchstens 40 oder 50 Minuten unterwegs. Man ist völlig ausgetrocknet, dann fährt man zum Hotel, sucht sein Gepäck, schläft, steht auf und packt wieder. Die Hälfte der Zeit war es bequemer, im Bus zu bleiben. Aber ich glaube, die Kojen waren zu klein für Victoria ... und es roch auch ein wenig – trotz Louies kleinem Staubsauger.

Wenn man fliegt, dann rennt man, sobald die letzte Nummer vorbei ist, noch im Kostüm zum Bus – oder man zieht sich vorher schnell noch um. Aber man hetzt und hetzt und hetzt. Aber wenn man mit den Tänzern fährt, lässt man sich Zeit, man kühlt sich ab, isst einen Happen, duscht und schaut zu, wie die Bühne auseinandergenommen wird.

Meistens muss man es einfach genießen, auf Tournee zu sein, obwohl es auch Zeiten gab, in denen ich es echt gehasst habe und ich nur irgendwo meine Ruhe haben wollte. Aber ich konnte nirgendwo hin, weil ich zum nächsten Gig da sein musste.

Manchmal hatten wir auch noch eine Promotion-Veranstaltung, ehe wir auf die Bühne mussten. Das war manchmal echt fantastisch, aber gelegentlich wurden wir von einem sexistischen Journalisten interviewt, der es einfach nicht raffte und davon bekam man schlechte Laune. Aber die musste man trotzdem schnell wieder abschütteln, weil wir fast direkt im Anschluss auftreten mussten.

Emma

Wir hatten immer viel Spaß im Tourbus und für Mel und mich gab es immer ein Extra-Bett. Der amerikanische Bus war fantastisch. Man hatte einen Fernseher in seiner Koje, Louie war gegenüber und wir haben ferngesehen und Süßigkeiten gegessen. Bis es dann hieß: „Anhalten, wir brauchen jetzt 'ne Pizza!"

Emma

Wir haben dieses Ritual, ehe wir auf die Bühne gehen. Wir sind ziemlich abergläubisch damit und machen es immer – egal was passiert. Wir stehen immer gleich da, schichten unsere Fäuste übereinander und schreien und feuern uns gegenseitig an.

Melanie C

Wir behielten unser Auftritts-Ritual bei – auch nachdem Geri weg war. Alle für eine, eine für alle! Wir haben es am ersten Abend gemacht und dann an jedem Abend von der Tournee. Gegen Ende waren wir ein bisschen relaxter damit, auf die Bühne zu gehen. Wenn es hieß: „Okay, Girls, noch zwei Minuten!", dann sagten wir: „Schon gut!", obwohl wir noch nicht einmal umgezogen waren. Dann hieß es plötzlich: „Mein Gott, die Show hat angefangen!" – aber wir bestanden trotzdem darauf: „Wir müssen es erst machen, wir müssen einfach!" Fast als wäre es ein böses Omen, wenn wir es nicht tun würden.

Melanie C

Mein Lieblingsteil bei einem Auftritt ist, wenn die Türen sich öffnen. Man spürt wenn sie aufgehen, weil das Licht sich ändert und gleißend durch die Augenlider scheint. Dann öffnet man die Augen.

Ich halte sie bis dahin geschlossen, damit es mich mit voller Wucht trifft, zehntausend Leute auf einmal zu sehen. Es ist aufregender auf die Art und bringt das Adrenalin in Wallung, ehe wir anfangen zu singen: If U Can´t Dance.

Melanie G

Wenn man vor der Show in einer miesen Stimmung auf der Bühne steht, ändert sich das alles, sobald die Türen aufgehen. Man kommt sofort rein, weil es ja die eigene Musik ist, die gespielt wird, und man hat das Gefühl dem Publikum alles geben zu müssen. Sogar wenn man nicht alles geben will, tut man es am Ende doch, weil man von einer Welle der Energie mitgetragen wird. Emma und ich schubsten uns gegenseitig rum bis zur allerletzten Sekunde, bevor sich die Türen öffneten und wir vom Publikum gesehen werden konnten. Manchmal hatte ich noch einen Arm ausgestreckt oder wir waren noch am Schubsen, als wir dann plötzlich in Position gehen mussten. Es war wirklich immer sehr lustig zu sehen, ob wir uns zusammenreißen können.

Emma

Melanie C war immer völlig konzentriert, während Mel G und ich uns schubsten und herumalberten, bis die Türen sich öffneten. Wir trugen beide hohe Hacken, und wenn eine von uns ihr Gleichgewicht verloren hätte, wären wir umgefallen. Trotzdem brauchten wir das bisschen Kichern, ehe das Publikum uns sehen konnte. Dann, sobald man die Menge sieht, denkt man nur: Oh Gott! Die Tänzer beobachteten uns durch einen Spalt in der Treppe von hinten, und Louie meinte, sie haben gesehen, wie wir uns geschubst und gelacht haben, aber dann, sobald die Türen sich öffneten, reichte das Grinsen auf meinem Gesicht von Ohr zu Ohr. Es war unfassbar – dieses Gefühl ist absolut fantastisch.

Bevor wir anfingen, gab es ein großes Intro auf den Leinwänden, hinter denen wir standen. Man hörte, wie das Publikum lauter und lauter wurde – und wenn dann die Türen aufgingen, war es ein überwältigendes Gebrüll.

Emma

In Amerika kannten wir die Show schon so gut, dass wir mehr improvisieren konnten, wodurch die Shows individueller wurden. Wir kannten jetzt auch die Tänzer und machten jeden Abend etwas anderes. Entweder schockten die Jungs uns oder wir sie. Wir hatten immer viel Spaß und ich glaube, wenn es einem auf der Bühne Spaß macht, dann kommt das auch beim Publikum rüber.

Emma

Ich verstehe nicht, wo Melanie C ihre Energie hernahm. Manchmal war ich so geschafft nach einem Auftritt am Abend vorher und einem Flug – aber sie hüpfte immer noch herum wie eine Springmaus. Wir sagten oft: „Mel, kannst du dich nicht mal beruhigen?"

Melanie G

Eines Abends habe ich mir den Fuß verstaucht. Es war am Ende einer Vorstellung, da wird die Musik echt verrückt. An dem Punkt nehmen Victoria und ich uns immer an den Händen und wirbeln einander herum. Na ja, sie hat mich aus Versehen losgelassen und ich bin weggeschleudert worden und habe mir den Knöchel verstaucht. Ich heulte, denn es tat echt höllisch weh die Stufen raufzugehen und dann musste ich von der Bühne getragen werden. Es war nichts Schlimmes, aber es hat echt weh getan.

Melanie C

Ich sang gerne „Sisters" mit Mel zusammen, weil es so rockig ist und wir dabei herumspringen wie zwei Wahnsinnige. Ich komme nicht so hoch, aber ich versuchte immer, so hoch zu springen wie Damon von Blur. Melanie verletzte sich eines Abends den Knöchel. Sie musste von der Bühne getragen werden und hatte eine üble Verstauchung, aber sie hielt bis zum Ende der Show durch.

Melanie G (On Tour 1998)

Das Duett mit Mel C mag ich sehr. Wir hatten die Idee dazu vor etwa sechs Monaten. Es ist brillant, kommt gut rüber und bringt unser Adrenalin in Wallung. Es ist zwar vom Gesang her festgelegt, aber nicht vom Tanzen – und wir rennen einfach auf der Bühne herum und gebärden uns wie Wahnsinnige. Es macht Spaß, dabei einen Verbündeten zu haben!

Emma

Wir waren im Wembley Stadion, wollten gerade auf die Bühne gehen und hörten uns die Platzierung der Charts an. Es war toll, als wir hörten, dass Melanie G und Missy Nummer 1 waren und wir tanzten alle zu dem Song. Dass unsere besten Freunde eine Nummer eins hatten, war super!

Victoria

Wir sind alle wirklich stolz aufeinander. Das ist das Schöne daran, man kann sich für jemanden freuen, ohne eifersüchtig auf sie zu sein.

Melanie G

Es hat mir Spaß gemacht, „I want you back" zu machen. Ich musste einfach so einen Song machen, weil ich das immer gewollt habe. Ich wollte sehen, ob ich einen eigenen Song machen und stolz darauf sein könnte. Als es an diesem Abend im Wembley durchgesagt wurde, drang es gar nicht richtig zu mir durch, weil wir kurz davor waren, auf die Bühne zu gehen. Ich war in Show-Laune und es war mir fast peinlich. Ich versuchte die anderen zum Schweigen zu bringen, aber die Girls machten eine große Sache daraus. „Alle runterkommen zum Countdown!" Es war der Wahnsinn! Alle tanzten, hüpften, schrien.

Emma

Das war in Italien und ich glaube, wir waren vor dem Auftritt aus gewesen. Wir nahmen uns immer Zeit zum Einkaufen. Meine Garderobe veränderte sich ziemlich, während ich dort drüben war. Wir hatten Glück, Versace hat uns in seinen Laden eingeladen. Da habe ich alte Sachen vom Top Shop rausgeworfen und Versace aufgehängt. Ich habe einige Teile von der Tour mit zurückgebracht. Aber längst nicht so viel wie Melanie G. Die flippte glatt aus!

Victoria

Ich verbringe nicht halb so viel Zeit mit Shoppen, wie alle immer denken. Ich gehe in einen Laden, sehe etwas und kaufe es, aber ich gehe nicht tagelang Shoppen. Ich mag schöne Klamotten, aber ich hätte sie gerne geliefert. David hingegen liebt Einkaufen! Als wir in New York waren, meinte meine Mum, dass sie keinen Mann wie David kennt. Er kann den ganzen Tag einkaufen. Und nicht nur für sich selbst. Er sucht auch nach Dingen für andere Leute. Wenn meine Schwester zum Beispiel sagt, dass sie etwas Bestimmtes möchte, versucht er den ganzen Tag, das zu finden. Er ist wirklich umsichtig und sagt niemals: „Verdammt, ich will jetzt nach Hause!" Im Gegenteil, er sagt viel eher: „Lass uns noch ein bisschen weitermachen!" Und er hat eine Menge mehr Kleider als ich.

Melanie C
In Italien waren wir bei Versace, das war super, obwohl Kleider mich nicht besonders interessieren. Ich hab es lieber leger und bequem. Ab und zu style ich mich auf, aber meistens ist es mir egal, wie ich aussehe. Ich schminke mich, damit ich besser aussehe, aber lieber würde ich drauf verzichten. Es nervt mich. Nur wenn es sein muss, schminke ich mich eben.

Victoria
Ich habe dieses Kleid eigentlich noch nie angehabt, obwohl es mir gefällt. Irgendwann ziehe ich es bestimmt an! Das war bei Versace in Mailand. Wir haben uns gut mit Donatella verstanden, und sie hat auch die ganzen Anzüge für die Fußballer beim Europa-Cup-Finale gemacht. Mir gefällt dieses Bild, weil David drauf ist. Ich habe es zu Hause auch hängen.

Melanie G
Im Laden von Versace durften jede von uns sich drei Outfits aussuchen, was echt nett war. Ich habe versucht eine Sonnenbrille zu klauen und wurde erwischt. Sie haben nur gesagt: „Da, nimm sie." Es war echt peinlich.

Melanie C
Ta ta! Da bin ich stolz, weil ich ein England-Trainings-Shirt trage, das David mir geschenkt hat.

Ich trage gerne überall wo wir hingehen verschiedene Hemden. In Amerika hatte ich jeden Abend ein anderes Hockey- oder Basketball-Shirt an. In Europa war es am besten – hemdenmäßig –, weil ich nur Fußballhemden anhatte. In Manchester war es lustig, da habe ich mein Liverpool-Shirt angehabt und die Hälfte der Halle hat gejubelt, die andere Hälfte hat gebuht.

Melanie C
Sich jeden Tag Haare frisieren und sich schminken zu lassen, macht einen wahnsinnig. Zuerst war es nett, so umhegt zu werden, aber das gab sich bald. Die Haar- und Make-up-Leute richten einen echt ganz besonders her, aber wenn man zwei Stunden da sitzen muss – es kann locker eine Stunde fürs Frisieren und eine fürs Schminken dauern – und wenn man müde ist, und einem dauernd jemand im Gesicht herumfuhrwerkt, will man einfach schreien: „Haut ab!" Aber das Ergebnis ist immer toll. Also lächelt man und erträgt es. Es ist wie auf einem langen Flug. Man muss einfach denken, es ist für einen guten Zweck, also relaxe!

Victoria
Ich kann mich selbst schminken und tue das auch oft. Aber im Allgemeinen sehe ich meistens schrecklich aus. Ich gehöre nicht zu den Leuten, die aufstehen und klasse aussehen – wie Natalie Imbruglia. Ich glaube, die sieht immer toll aus – ich nicht. David sieht immer gleich aus. Er wacht morgens auf und sieht aus, als hätte er gerade für ein Front-Cover Modell gestanden. Wohingegen ich mich frisieren und schminken – oder einen Hut aufsetzen muss.

Sich vor jeder Show frisieren und schminken zu lassen ist ein bisschen anstrengend. Ich fürchte, da bin ich nicht besonders professionell. Wenn ich irgendwo in Texas wäre, wo mich keiner kennt, würde ich auch im Schlafanzug auf die Bühne gehen, ohne dass es mir etwas ausmacht. Melanie C sieht immer klasse aus. Manchmal denke ich, ist doch egal, ob ich mein Markenzeichen, mein Halsband, anhabe oder nicht. Oder ich habe keine Lust mich zu schminken für die Bühne.

Emma
Mit den Tänzern Basketball zu spielen hat Spaß gemacht. Aber irgendwann mussten wir mit den Jungs schimpfen, weil sie sich verletzten.

Melanie G
Jim fing mit dem Basketball an, aber das musste aufhören, weil die Jungs sich verletzten. Dann beschloss Emma, das zu überwachen und selbst mitzumachen.

Melanie C
Es ist ein ganz normaler Anblick, wir auf einem Autorücksitz am Telefonieren. Autorücksitze sind mein Büro. Nur dann habe ich Zeit zum Telefonieren, weil ich überall sonst etwas anderes zu tun habe. Jetzt fahre ich selber mehr und telefoniere nicht mehr so viel.

Victoria
Davids Physiotherapeut meinte, Davids Nacken sei so verspannt, weil er zu viel telefoniert. Ernsthaft, das ist ein Problem. Ich bin nicht sehr gesellig und gehe nicht ständig aus, bin aber auch nicht gerne allein. Also waren meine Telefonrechnungen enorm. Wir hatten diese Telefonkarten, was unsere Rechnungen um ein Drittel reduzierte, aber ich gab immer noch ein Vermögen aus.

Emma
Das Telefon hielt uns in Amerika am Leben. Anfangs war es ein Albtraum, weil sie uns Handys gegeben haben, die nicht funktionierten. Und das über mehrere Wochen. „Wir brauchen Handys!" forderten wir. Und am Ende hatten wir alle riesige Telefonrechnungen – besonders Victoria.

Victoria

Es war hart, David zurückzulassen. Wenn man weg ist, sorgt man sich ständig, wo der andere wohl ist. Geht er aus? Was macht er? Wir vertrauen einander, aber man hat es immer im Hinterkopf, wenn man so weit weg ist.

David ist niemand, der dauernd mit seinen Kumpels herumhängt. Er geht mit Freunden weg, aber er ist keiner von den Männern, die die ganze Nacht wegbleiben ohne anzurufen. Wenn ich weggehe, dann rufe ich David an, damit er weiß, dass ich sicher nach Hause gekommen bin – auch wenn es drei Uhr morgens ist. Sodass er morgens nicht aufwacht und denkt: „Ist ihr Chauffeur mit ihr durchgebrannt?" Wir rufen einander immer an, um zu sagen, dass wir jetzt zu Hause sind. Während ich auf Tournee war, hat er immer angerufen, wenn er ausging. Dann hat er zum Beispiel gesagt: „Ich bin jetzt im Restaurant und bestelle meine Vorspeise. Ich ruf dich wieder an." Dann, zehn Minuten später: „Ich bin fertig mit der Vorspeise. Was meinst du, soll ich jetzt Huhn, Fisch oder Steak essen?". Es klingt vielleicht komisch, aber so war es.

Victoria (On Tour 1998)

Alle haben gefragt, ob ich mich in David verliebt habe, weil er berühmt war. Ich sagte nein. Aber das war gelogen. Wenn jemand eine Begabung als Künstler, Fußballer oder Wissenschaftler hat, ist es nicht wichtig, ob er berühmt ist, sondern dass er talentiert und zielstrebig ist. Das wirkt anziehend. Dass wir in einer ähnlichen Position sind, stellt uns auf die gleiche Stufe. Und es ist fast ironisch, wie parallel unsere Karrieren verlaufen sind. Als wir uns kennenlernten, machte ich mein erstes Album und er spielte zum ersten Mal in der ersten Liga. Dann ging ich auf Tournee und nahm ein zweites Album auf und er spielte in der Weltmeisterschaft. Als wir das Trauma mit Geri hatten, foulte er jemanden bei der Weltmeisterschaft und wurde dafür gekreuzigt. Immer wenn bei einem von uns etwas schief geht, bekommt der andere auch Schwierigkeiten.

Das ist eigentlich ganz gut, weil wir uns gegenseitig helfen können. Ich kenne die schlechte Presse, die David hatte. Seine Eltern können ihn trösten und ihm sagen, er soll sich keine Sorgen machen, aber ich bin die einzige, die ihn versteht – weil wir auch schlimme Erfahrungen mit der Presse hatten. Deshalb bin ich die einzige Person, die ihn wirklich versteht, weil ich da auch durch musste.

Melanie C (On tour 1998)

Ich glaube, der Grund, warum ich nicht in einer Beziehung lebe, ist, dass ich viel zu sehr auf die Arbeit konzentriert bin und wahrscheinlich alles ablehnen würde, was mich davon ablenkt. Aber manchmal vermisse ich es doch jemanden zu haben.

Heute habe ich zum ersten Mal realisiert, dass ich sehr, sehr schüchtern bin oder war. Aber Melanie hat mir neulich gesagt, dass ich nicht mehr so schüchtern bin wie früher. Ich glaube, wir sind alle sehr erwachsen geworden und haben viel voneinander gelernt. Zum Beispiel war ich, als wir anfangs zusammenkamen, sehr schüchtern und ruhig und Mel B war sehr laut und aggressiv. Aber jetzt hat sie sich ein bisschen beruhigt und ich bin ein wenig gesprächiger und frecher geworden.

Melanie C

Ich erinnere mich an dieses Gefühl absoluter Erschöpfung, wenn man nicht weiß, wie man die nächste Show durchstehen soll. Aber man macht es einfach. Man lebt von Adrenalin, bis man auf die Bühne kommt, dann geben einem die Fans so viel Energie, dass man es schafft. Und wenn man danach im Tourbus ist, sieht man wieder ziemlich geschafft aus.

Victoria

Im Rückblick war die Tournee sehr anstrengend. Europa hat mehr Spaß gemacht als Amerika, aber das liegt auch daran, dass ich in Amerika herausgefunden habe, dass ich schwanger bin, und mir morgens oft schlecht war. Außerdem war David selten da und ich fühlte mich ein bisschen einsam. Aber Europa war klasse. Es hat Spaß gemacht, endlich mal wieder zu singen – nach so vielen Interviews und Promotions. Bis dahin waren Auftritte der kleinste Teil unserer Arbeit. Deshalb war es echt ein tolles Gefühl, hochzugehen und zu singen.

Bei diesen Bildern, auf denen wir aus dem Bus kommen, denke ich daran, wie wir jeden Tag nach dem Auftritt schnell unsere Bademäntel angezogen und uns abgeschminkt haben und dann verschwitzt und unansehnlich aus dem Bus gestiegen sind. Oft haben wir einfach vergessen, dass am Ende der Fahrt Fotografen warteten, die Schnappschüsse von uns wollen.

Emma

Oft sind wir direkt zum Tourbus gerannt, damit wir aus dem Stadion kamen, ehe die Straßen verstopft waren. Wir haben uns im Bus umgezogen, gelacht, uns abgeschminkt und besprochen, was an diesem Abend schiefgegangen war. Oft warteten Paparazzi nach der Show in unserem Hotel. Aber manchmal vergaßen wir das und schminkten uns schon im Bus ab, weil wir gleich danach ins Bett oder ausgehen wollten.

Melanie C

Als wir in Paris mit dem Tourbus an unserem Hotel ankamen, sahen wir, dass Massen von Fans und die Presse davor warteten. Wir hatten uns abgeschminkt, waren ungekämmt und sahen schrecklich aus. Weil wir genau wussten, dass wir fotografiert werden würden, zogen wir die Michael-Jackson-Show ab, als Scherz. Da verstanden wir, warum er immer sein Gesicht bedeckt – weil er keine Zeit hatte, sich zu schminken! Wir fanden das wahnsinnig komisch, aber die meisten unserer Witze mag sowieso niemand.

Melanie C

Wir hatten oft eine gute Zeit im Tourbus. Dort hatten wir unterwegs am meisten Spaß. Wir kriegten Lachanfälle und waren albern, weil wir so müde waren. Wenn man total müde ist, ist man wie im Delirium, deshalb lachten wir ständig über Sachen, die eigentlich gar nicht besonders lustig waren.

Victoria

Ich erinnere mich gut an diesen Tag in New York. Meine Eltern wollten mich besuchen kommen, und ich hatte einen Fototermin mit Dean auf dem Polizeirevier. Ich wusste noch nicht, dass ich schwanger war, denn es war der Tag ehe meine Mum kam, und sie wollte den Test mitbringen.

Melanie C

Der Tag, an dem ich in Chinatown war, hat mir gut gefallen, obwohl es zum Himmel stank. Es war echt heiß, und überall waren Obst- und Gemüsestände - das, was so stank, war glaube ich ein Fischstand – es war spannend, eine so andere Kultur zu sehen. Ein kleines China inmitten von New York.

In New York waren wir eine Woche, hatten also Zeit, es ausgiebig zu erkunden. In vielen anderen Städten blieben wir nicht einmal über Nacht, das war schade. Ich interessiere mich sehr für Amerika, schon immer, schon als Kind. Wir wachsen ja mit amerikanischen Filmen auf, deshalb war es toll das alles mal wirklich zu sehen. Es ist so riesig, und man sagt, jeder Staat ist ein anderes Land. Ich war begeistert.

Europa hat mir nicht so gut gefallen, wegen der Sprachbarrieren. Ich kann es nicht leiden, wenn ich mich nicht verständigen kann. Das mit Amerika habe ich jetzt geknackt – denn manchmal tun die Amerikaner gerade so, als würde man eine andere Sprache sprechen als Englisch. Der Trick ist, langsam zu sprechen und Amerikanismen zu verwenden.

Victoria

Nach einem der Stadion-Konzerte zog ich meinen Bademantel an und fuhr mit David zurück nach Manchester. Ich schminkte mich im Auto ab. Dann mussten wir tanken, also fuhr David raus. Ich stieg aus und wollte ein paar Süßigkeiten kaufen; als ich mich umdrehte, waren da auf einmal hunderte von Blitzlichtern. Ein Haufen Fotografen war uns zur Tankstelle gefolgt und am nächsten Tag war alles in der Zeitung. Zum Glück hatten sie mich nur von hinten. Trotzdem. Ich trug einen Bademantel, auf dem „Posh" stand und ein Paar Nikes, und mein Haar war ganz durcheinander, weil ich auf der Bühne eine Perücke getragen hatte. Ich sah grauenhaft aus. Die Schlagzeile hieß dann: Wie „posh"* ist das denn – Süßigkeiten und Bademantel? Aber wir liebten unsere Bademäntel, besonders weil David Adidas gebeten hatte, sie für uns zu nähen.

Ich gehe gerne aus, aber ich mag nicht jeden Abend in die Disco gehen. Ich gehe gerne mit meinen Freunden weg, aber nicht so oft. Wenn wir auf Tournee sind, bin ich nach der Show oft müde und will schlafen gehen, weil ich gerne tagsüber etwas unternehme. Wir waren in so vielen verschiedenen Ländern und man bekommt schon einen Eindruck von einem Ort, wenn man einfach eine Stunde durch die Straßen geht. Aber wenn man nachts ausgeht, schläft man lange und macht das nicht.

Emma

Ich finde, David und Victoria sind ein tolles Paar. Seit die zwei sich kennengelernt haben, glaube ich wieder an die Liebe. Ich hatte schon eine ganze Weile keinen Freund mehr, meine Eltern sind nicht mehr zusammen und ich hatte schon lange niemanden mehr so total verliebt gesehen. Auf der Versace-Party hat Victoria sich mit mir unterhalten, aber trotzdem weiter Davids Hand gehalten. Sie wollen sich einfach nicht mehr loslassen. Ich finde das toll.

Ich würde sagen, Melanie C und Emma waren am geselligsten auf der Tournee, wenn man damit all die Promi-Partys meint. Ich ging nicht oft mit. Normalerweise ging ich nach der Show in mein Hotelzimmer, machte den Fernseher an, bestellte den Room-Service, breitete das Essen um mich herum aus, futterte wie ein Scheunendrescher und telefonierte dann stundenlang. All die Steuern, die ich durch mein Jahr Auszeit gespart hatte, hab ich durchs Telefon gejagt. Ich telefonierte ständig mit David, erzählte ihm, was ich aß, was ich im Fernsehen sah - stundenlang!

* „posh": schick, elegant, piekfein.

Melanie C

Victoria vermisste David so sehr, dass es eine richtige Erleichterung war, als er zu Besuch zu uns kam. Wenn er nicht da war, leisteten wir ihr zwar Gesellschaft und hatten Spaß, aber es war nicht dasselbe. Sie wollte ihn immer bei sich haben, als sie schwanger war. Sie wollte, dass Daddy da ist. Wir haben ihn genauso wie Jim mit offenen Armen in die Spice-Familie aufgenommen.

Melanie C

Mel verliebte sich in Jim, als sie ihn zum ersten Mal sah. Sie sagte, „Er gehört mir!" und sie hatte recht. Er war sehr professionell, wie die anderen Tänzer. Sie wussten, dass sie sich auf nichts einlassen sollten. Sie wollten keine Beziehungen mit einer von uns und wir wollten keine Beziehungen mit einem von ihnen. Aber Mel war hin und weg von Jim und wenn sie entschieden hat, dass sie etwas will, dann geht sie los und holt es sich. Also klärte Jim, dass alle Tänzer es okay finden und sie fragte uns, ob wir ihn akzeptierten und schließlich kamen sie zusammen.

Am Anfang glaubten wir, sie beschützen zu müssen, weil man eine Menge Geschichten hört über Tänzer, die „die Runde machen" – es gibt viele Charmeure. Melanie ist so professionell – wir sind es alle – und wir wussten alle, dass wir damit umgehen könnten, falls es einmal Probleme geben sollte. Aber es gab keine. Es lohnt sich nicht, sich über etwas Sorgen zu machen, bevor es überhaupt einen Anlass gibt sich zu sorgen, oder?

Melanie C

Ich wusste von Anfang an, dass ich Jim heiraten wollte. Wir kamen gerade von einer Promotion-Tour und waren am Ende, als eine von den Girls sagte: „Kommt, wir begrüßen die Tänzer." Ich versuchte, es auf den nächsten Tag zu schieben, weil ich gut aussehen wollte, wenn wir sie zum ersten Mal trafen. Aber die anderen bestanden auf sofort: „Wir müssen morgen mit den Proben anfangen, und es ist wichtig, sich vorher wenigstens schon mal zu sehen." Also gingen wir los. Ich sah Jim an und dachte nur: „Oh, wow!" dann zog ich mir die Jacke über den Kopf, weil ich ungeschminkt war. Ich wusste sofort, der ist es, aber es dauerte drei Monate, bis ich ihn auch bekam.

Ich fuhr völlig auf ihn ab, aber er kriegte nichts mit. Die erste Nummer, die wir probten, war „Do it", bei der man förmlich aufeinander klebt. Ich fühlte mich so hingezogen zu ihm, dass ich ihn nicht einmal anschauen konnte. Aber er war gar nicht schüchtern. Er sagte: „Komm schon, zeig mir, was du kannst!" Ich kicherte nur schwach und war grottenschlecht, als ich anfing, zu tanzen. Ich bin immer noch ein bisschen unsicher, wenn ich vor ihm tanzen muss – selbst jetzt.

Das Witzige ist, wir waren erst ganz kurz zusammen, als unser Tourmanager verkündete, dass eins der Konzerte in Sheffield für den 13. September geplant war. Ich hatte schon beschlossen, an diesem Tag zu heiraten, wenn Jim und ich dann noch zusammen sein sollten, obwohl der Tag noch Ewigkeiten weit weg war. Ich weiß nicht, woher ich das wusste, aber so war es. Also bat ich den Tourmanager, den Gig zu verschieben, ohne zu sagen weshalb.

Es passierte nicht sofort etwas zwischen Jim und mir, weil er mit jemandem zusammen war und ich auch, und wir wollten nicht mit einer Lüge anfangen. Eine Weile waren wir nur gute Freunde und einfach viel zusammen. Als sich das änderte, beschlossen wir, Arbeit und Vergnügen auseinanderzuhalten, denn das kann sonst leicht zu schlechter Stimmung führen. Aber nach einer Weile sagte ich zu den Girls: „Ich kann nichts dagegen machen. Wenn ihr das verlangt, kann ich es versuchen, aber ich kann nichts gegen meine Gefühle tun." Und sie meinten: „Okay, aber es darf deine Arbeit nicht beeinträchtigen."

Das passierte nur einmal, nachdem wir uns gestritten hatten. Es war Zeit für „Do it" und ich sagte: „Du Mistkerl!" vor allen! Einer der Gründe, weshalb Jim nicht mit mir zusammen sein wollte war, dass wir uns selbst managen und ich – oder die Girls – ihm jederzeit kündigen können. Er machte mir in Paris einen Antrag, in der Buddha Bar, wo wir unsere erste Verabredung miteinander hatten. Ich wollte mich dort mit ihm treffen, aber als ich mich setzte, lag nur ein riesiger Blumenstrauß auf seinem Platz. Ich wartete und wartete. Schließlich las ich die Karte am Strauß – es war der Text von dem Luther-Vandross-Song „You´re the only one". Dann kam Jim. Er hatte schon für mich bestellt – dasselbe, was ich bei unserem ersten Date bestellt hatte. Dann kniete er sich hin. Ich sagte: „Was soll das?" Er sagte: „Willst du ...?" Und ich sagte: „Ja!" Dann gab er mir diesen Ring, in dem „Sein oder nicht sein" stand.

Als ich später in mein Hotelzimmer kam, war das ganze Zimmer voller Lilien. Es war überwältigend. Ich stürzte in Emmas Zimmer, weckte sie und rief: „Ich habe mich gerade verlobt!" Und sie: „Waaas?"

Zusammen zu arbeiten macht alles nur noch aufregender! Wir sehen einander kurz vor der Show, aber mit so vielen Leuten drum herum können wir uns nicht einfach verdrücken – obwohl wir das auch schon mal gemacht haben. Es ist toll, wenn wir uns erst sehen, auseinander gehen und uns dann auf der Bühne wieder treffen und ganz professionell miteinander umgehen müssen. – Einmal habe ich einfach alles vergessen und ihn mitten auf der Bühne geküsst.

Melanie G

Als „2 become 1" reggaehaft wurde, flippten Jim und ich ein bisschen aus, das endete damit, dass ich ihm an den Hals griff. Aber er machte das bei mir auch. Dann fingen wir an uns gegenseitig da anzufassen, wo es einen schier verrückt macht, es war zum Schreien !

Victoria

Ich freute mich, dass Mel und Jim zusammen kamen. Am Anfang war es vielleicht ein bisschen seltsam, weil er einer der Tänzer auf der Tournee war, aber ich bin eine Romantikerin und hatte kein Problem damit. Die meisten Leute finden, das geht zu schnell mit den beiden, aber ich hätte mich auch gleich in der ersten Woche mit David verlobt. Manchmal weiß man einfach: Das ist der Richtige. So war es jedenfalls bei mir. Ich will nur, dass alle glücklich sind, und wenn eine Verlobung Melanie glücklich macht, ist das okay für mich.

Victoria

Als ich schwanger war, war ich überzeugt, dass etwas schief gehen würde. Ich hatte alle Tests gemacht und alles war in Ordnung, aber man hat ja so wenig Einfluss darauf. Ich habe weder geraucht noch getrunken und alle haben gesagt, ich müsse mir keine Sorgen machen. Aber ich bin eine Grüblerin, ich sorge mich wegen allem. Also dachte ich, was, wenn etwas schief geht? Wie kann etwas, was man nicht beeinflussen kann, so perfekt werden? Auch wenn ich ihn jetzt ansehe, bin ich einfach begeistert von jedem Stückchen an ihm: Die Arme, die Beine, Finger, Zehen ... Er ist eine Persönlichkeit, es ist einfach unfassbar, dass David und ich ihn gemacht haben! Ich habe sehr aufgepasst auf der Tour. Wir haben einige Tanznummern etwas ruhiger gemacht und alles versucht, um es einfacher für uns zu machen. Aber es war schwer. Am schlimmsten war die Übelkeit morgens. Ich hatte das den ganzen Tag, jeden Tag. Ich konnte Essensgeruch nicht ertragen. Und im Flugzeug, mit dem wir gereist sind, konnte ich den Flugzeuggeruch nicht ertragen.

Man soll ja die ersten drei Monate niemandem erzählen, dass man schwanger ist. Aber jemand hat es der Presse ausgeplaudert und es stand in den Zeitungen. Sie haben mich am Swimmingpool fotografiert und ich sehe viel dicker auf diesen Fotos aus als auf Badeanzugbildern, auf denen ich im fünften Monat bin. Ich weiß nicht, ob sie meinen Bauch vergrößert haben oder nur aus einem ungünstigen Winkel fotografiert haben – aber es war doof, weil ich noch nicht im dritten Monat war und es noch nicht jedem gesagt hatte. Ich las die Zeitung und dachte, und wenn jetzt etwas schief läuft? Ich fand das echt unfair, weil ich warten wollte bis ich zu Hause war und alle Untersuchungen hinter mir hatte. Man hat ja nicht jeden Tag solche Neuigkeiten: „Wir bekommen ein Baby! Aber das Privileg, es unseren Familien und Freunden selbst zu erzählen, wurde uns genommen. Weil jemand es einer Zeitung gesagt hatte, und die verkündete es allen.

Dann will natürlich jeder ein Bild von dir, um zu sehen, ob du schwanger bist. Ich habe Bilder gesehen, auf denen ich einen Bauch habe den ich nie hatte. Ich trug Jeans in Größe 8

Emma

Ich habe von Anfang an gemerkt, dass es zwischen Mel und Jim knistert, weil ich ja immer mit ihnen im Bus fuhr. Als er sie in Paris gebeten hat, ihn zu heiraten, kamen sie sofort zu uns ins Zimmer, um es uns zu erzählen. Ich glaube, ich wusste es als eine der ersten. Es war echt Wahnsinn: „Melanie ist verlobt!" Es war aber auch eine Überraschung, weil sie ja noch nicht besonders lange zusammen waren. Ich bin sehr vernünftig und sage immer Sachen wie: „Bist du dir sicher?" Ich verpasse dadurch allem immer einen Dämpfer. Sie sagte: „Halt einfach den Mund, ich tu es eben! Okay?" Und ich sagte: „Pass aber auf, dass blahblahblah!" Das sage ich oft zu Mel.

Sie sagt immer zu mir: „Andere Leute würden mir raten, es einfach zu tun!" Und ich antworte: „Ich sage das nicht, um etwas zu verderben, sondern weil ich mir Sorgen um dich mache! Das ist alles."

Aber meine Mum sorgt sich auch ständig, und manchmal hoffe ich nur, dass ich das nicht von ihr geerbt habe. Sie sorgt sich viel und ich kann sie manchmal echt beunruhigen. Sie schläft erst, wenn ich nach Hause komme. Das ist ja lieb, aber es stresst sie. Ich finde: Mum, du solltest dir nicht so viele Sorgen machen!

Emma

Ich war begeistert, als ich hörte, dass Mel und Victoria schwanger waren. Sie waren beide verliebt und wir waren fast am Ende unserer Tournee, es passte perfekt. Obwohl es noch ziemlich am Anfang war, sagten wir ihnen, sie sollten es langsam angehen lassen. Wir waren bereit, die Show aufzumotzen und auszugleichen, wenn sie müde waren. Aber sie waren entschlossen, die Tournee zu Ende zu bringen. Ich wäre gegangen. „Ciao, ich bin schwanger, ich gehe heim!" Aber sie waren echt klasse und ehrgeizig, und wir haben alle Vorstellungen über die Bühne gebracht. Wir haben keine einzige abgesagt, weder weil Geri weg war noch weil die Girls schwanger waren.

Melanie G

Meine Schwangerschaft war ziemlich anstrengend und sehr emotional. Ich habe nicht gearbeitet und wir haben ganz schön aufeinander geklebt in diesem kleinen Haus auf dem Land. Es war ein bisschen zu viel. Aber man muss auch schlechte Zeiten erleben, um die guten würdigen zu können. Im Leben kann nicht immer alles glatt gehen.

Obwohl ich es damals nicht wahrhaben wollte, weiß ich rückblickend: Oh Mann, war ich hormongesteuert! Wenn ich jetzt daran denke, kann ich darüber lachen, aber damals habe ich immer behauptet: „Es ist nicht, weil ich schwanger bin! Das ist mein Ernst!"

bis ich fast im sechsten Monat war, und ich sah überhaupt nicht anders aus. Trotzdem hatte ich nach zweieinhalb Monaten eine Kugel auf diesen Fotos: Posh Bump in America! Das war Blödsinn, denn man sah gar nichts. Brooklyn war wie ein Parasit, der in mir lebte – er aß alles!

Ich esse jetzt viel mehr als davor. Früher habe ich vor allem Gemüse und Obst gegessen. Jetzt esse ich alles. Ich weiß auch nicht, wieso ich jetzt schlanker bin als vor der Schwangerschaft. Wahrscheinlich, weil ich die ganze Zeit nur herumrenne.

Victoria

Ich war immer erstaunt, dass Melanie morgens schon ins Fitnessstudio ging. Manchmal habe ich gedacht, sie ist verrückt. Ich könnte das nicht. Ich hätte gerne einen Waschbrettbauch – zu anstrengend! Ich bedecke meinen Bauch eben – und esse mehr!

Victoria (On Tour 1998)

Arbeitstechnisch freue ich mich darauf, das dritte Album aufzunehmen und wieder in England zu arbeiten. Es macht Spaß, nach Elstree und zu Tops of the Pops zu fahren. Ich mag das alles, sogar auf dem Heimweg die Bayswater Road entlang zu meiner Mutter zu fahren, wenn es sonnig ist. Dann setze ich mich in den Park oder gehe einkaufen und dann etwas essen. An den Samstagabenden zu Hause zu sitzen und „Blind Date" zu glotzen ist einfach himmlisch für mich.

Melanie G

Am Anfang, als Victoria und ich schwanger waren, mussten wir so oft jemanden darum bitten, unsere Kostüme weiter zu nähen. Keiner wusste, warum. und wir sagten: „Wir werden einfach dicker." Die Garderobieren dachten ewig lange, wir würden nur zunehmen. Irgendwann wurde es lächerlich, weil ich einen Plastikbecher zum Reinpinkeln in meiner Garderobe haben musste. Ich musste drei oder vier Mal während der Show pinkeln und die Toiletten waren meilenweit entfernt.

Melanie C (On Tour 1998)

Nichts auf der Welt ist mir wichtiger als Musik. Ich will Sängerin sein, nur das will ich für den Rest meines Lebens machen. Die Tournee hat mir nur bestätigt, dass ich mich verleugnen würde, wenn ich etwas anderes tun würde. Ich weiß, es klingt ein bisschen traurig, weil es nicht viel anderes in meinem Leben gibt, aber ich bin nur dann wirklich glücklich, wenn ich auf der Bühne stehe.

Gegen das Gefühl, auf der Bühne zu stehen, ist der Rest des Lebens richtig langweilig ... wenn die Türen aufgehen und man sieht die Menschenmenge, die Fotoapparate blitzen und man muss einfach grinsen. Man fühlt sich wie ganz oben auf der Achterbahn – dann braust man los und es gibt kein Zurück mehr.

Als Künstler tritt man auf – egal ob für einen oder für eine Million Leute. Wenn ich vor 20 000 Leuten auftrete, ist es natürlich nicht dasselbe wie früher, als ich acht war und gesteppt habe. Aber ich gebe alles – genau wie damals. Ich tue das, was ich schon immer getan habe.

Melanie C (On Tour 1998)

In den letzten Jahren sind einige traumatische Dinge passiert – den Spice Girls und uns persönlich. Ich glaube, nichts geschieht ohne Grund. Auf der Tournee habe ich herausgefunden, dass alle die gleichen Bedürfnisse und Unsicherheiten haben – obwohl alle verschieden sind. Niemand will einen anderen verletzen, aber manchmal passiert das eben einfach. Bei einem Streit gibt es immer zwei Seiten, und wer kann entscheiden, wer Recht hat? Wenn man von seinen Argumenten überzeugt ist, hat man in den eigenen Augen natürlich Recht.

Das Ende der Tournee und Geris Ausscheiden markierten das Ende einer Ära. Es ist der Beginn der neuen Spice Girls, und wenn wir heimkommen, will ich ein ganz neues Leben anfangen.

Ich wünsche mir, dass es die Spice Girls immer geben wird. Wir werden jede für sich bestimmt eine Menge aufregender Projekte machen, sowohl musikalisch als auch in Film und Fernsehen. Aber wir fünf werden immer gute Kumpel bleiben.

Melanie G

Phoenix hat mir so viel Glück mitgebracht. Ich habe ihre Geburt so herbeigesehnt. Ich glaube, deshalb ist sie auch früher gekommen. Ich habe sie in mir gefühlt und ihre Tritte wurden immer kräftiger und kräftiger.

Du fühlst dich ziemlich alleine, wenn du schwanger bist, weil dein Mann nicht nachempfinden kann, wie das ist. Er kann nur von außen fühlen, wie sich das neue Leben in dir entwickelt, und die Ultraschallaufnahmen bedeuten ihm auch nicht so viel. Jetzt ist er verrückt nach Phoenix und ist ein begeisterter Vater.

ZU HAUSE

Melanie C

Wir waren so lange weg und es gab so viele Leute, die wir zu Hause wiedersehen wollten, dass wir ziemlich beschäftigt waren. Aber es war seltsam, von den anderen getrennt zu sein. Wenn man so lange ständig aufeinander hängt, werden die anderen zu selbstverständlich. Aber wenn sie nicht mehr da sind, merkt man, wie klasse sie eigentlich sind und wie sehr man sie vermisst. Dann ist es toll, wieder zusammenzukommen – man schätzt sich dann wieder mehr.

Emma

Meine Freunde nehmen es echt cool, dass ich so lang weg war und es ist toll, sie wiederzusehen. Ich bin immer noch gut mit Dawn befreundet, die ich kenne seit ich vier war. Und mit Donna und Alison, mit dene ich in der Schule war. Ich treffe mich gerne mit Leuten, wir reden darüber, was sie so gemacht haben, und ich erzähle, was ich erlebt habe. Es ist witzig, wenn ich Leute treffe, mit denen ich keinen Kontakt hatte, seit ich bei Spice bin, die mich aber von frühe kennen. Sie sagen Sachen wie: „In der Schule warst du die kleine Emma, die bei den Schulfesten Quatsc gemacht hat. Und jetzt kommst du von einer Welttournee zurück." Es ist der echte Wahnsinn, ihnen davon zu erzählen.

Emma

Obwohl ich London mag, wohne ich lieber außerhalb der Stadt. Ich habe letztens bei Louie übernachtet und wir sind von Waterloo nach Covent Garden gelaufen. Soviel Bewegung hatte ich seit Jahren nicht mehr. Es ist schön, am Ufer entlang zu laufen und die alten Gebäude anzuschauen. Aber zu Hause musste ich erstmal duschen. London ist so dreckig!

Melanie G

Sobald ich von der Tournee kam, habe ich geheiratet, bin in mein Haus gezogen und in die Flitterwochen gefahren. Dann hatte ich meinen Nummer-Eins-Hit mit Missy Elliott. Es war eine Wahnsinnszeit, soviel ist auf einmal passiert! Ich vermisse diese Faulenzer-Sonntage, an denen man einfach rumhängt und die Erlebnisse der vergangenen Woche verdaut.

Victoria

Wenn ich zu Hause bin, gehen David und ich schon manchmal aus, aber nicht oft, weil ich die meiste Zeit mit Brooklyn verbringen möchte. Trotzdem ist es wichtig (und meine Mum sagt das auch immer) ab und zu nur zu zweit etwas zu unternehmen. Ich lasse Brooklyn nicht gerne alleine, aber es ist gut für eine Beziehung, Zeit nur miteinander zu verbringen. Deshalb ist es manchmal gut, sich zu zwingen, auszugehen und Brooklyn bei seiner Oma zu lassen.

Melanie C

Ich habe mir in L. A. eine Menge Konzerte angeschaut. Ich bin zu Lenny Kravitz gegangen, der auf meinem Album etwas machen will. Ich habe Blur und Robbie Williams gesehen – alles tolle Konzerte!

Victoria

Wenn wir weggehen, will ich Brooklyn nicht in einen Kinderwagen setzen, weil ständig von irgendwo ein Fotograf hervorspringt und einem den Fotoapparat unter die Nase hält. Ich will ihm das nicht antun, deshalb trage ich ihn lieber.

Ungefähr anderthalb Wochen nach Brooklyns Geburt war ich im Bluewater-Shopping-Center, als ich plötzlich sah, dass ein Haufen Fotografen knipste, wie ich ihn aus dem Kinderwagen hob. Da bekam ich Paranoia, gab meiner Mutter Brooklyn und jagte die Bande schreiend durch das Einkaufszentrum. Ich hatte sie fast eingeholt, was erstaunlich ist, weil ich wegen des Kaiserschnittes kaum laufen konnte. Alle sahen sich um, als hätte ich geklaut oder so etwas. Dann dachte ich, das steh ich nicht durch, mein Rücken und mein Bauch schmerzten, und ich bin beinahe zusammengeklappt. Am nächsten Tag war es in der Zeitung, aber ein Bild von Brooklyn hatten sie nicht!

Emma

Seitdem ich zurück bin, war ich zu ein paar Parties, zum Beispiel bei der Versace-Party. Es sind nur 'ne Menge Leute in Versace-Klamotten und viele Journalisten, auf der Suche nach dem neuesten Klatsch, und Leute, die man nicht kennt, die ein Foto mit dir wollen. Man unterhält sich mit niemandem, es sei denn, man bringt ein paar Kumpels mit. Bei der Versace-Party war ich eine halbe Stunde und bin dann wieder gegangen. So eine Veranstaltung ist vielleicht glamourös, aber nicht mein Ding. Für Victoria und David ist es leichter, weil sie einander haben; sie können sich gegenseitig „beschützen".

Ich gehe lieber mit Freunden weg und amüsiere mich mit Leuten, die ich kenne. Wir gehen etwas essen und dann vielleicht noch etwas trinken - so etwas. Ich habe das alles nachgeholt, seit wir zurück sind. Ich bin ja von der Schule direkt aufs College gegangen und dann zu den Spice Girls sobald ich 18 war. Die Party-Zeit habe ich irgendwie ausgelassen.

Victoria

Brooklyn war nicht geplant, aber rückblickend war es die perfekte Zeit in unserer Beziehung. Es war auch für mich eine gute Zeit, ein Baby zu bekommen, weil wir im September nach Hause kamen und sowieso eine Pause machten. Es war also perfektes Timing. Die anderen Girls machten ihr eigenes Ding, während ich Zeit mit meiner Familie und Brooklyn verbrachte. Das hat für mich Vorrang. Während der Schwangerschaft hatte ich eine Menge Stress – ich war weg, musste arbeiten und dann ständig die Medien. Es war einfach schön, wieder zu Hause zu sein.

Außerdem wollte ich eine junge Mutter sein – weil ich mehr als ein Kind möchte. In meinem Leben war es genau die richtige Zeit dafür - und für David auch. Wir haben uns das echt lange und ausführlich überlegt. Aber ich kann es immer noch kaum fassen, dass ich Brooklyn bekommen habe. Ich muss mich immer noch kneifen, wenn ich ihn sehe.

Emma

Ich wohne gerne bei meiner Mum. Aber ich überlege mir, ein Haus zu kaufen, vielleicht fürs Wochenende, wohin ich ausweichen und alle meine Freunde einladen kann. Ich habe echt Glück, weil meine Mum meine Wäsche macht und außerdem ist immer jemand da, wenn ich aufwache, das ist schön. Der Hund rennt herum, und ich sehe aus dem Fenster, und da repariert mein Bruder irgendetwas. Aber manchmal denke ich, am Wochenende, wenn ich mit meinen Freunden ausgehe, wäre es nett, sie noch zu mir einladen zu können. Ich glaube, ich will nicht ganz ausziehen, nur ein kleines Ausweichquartier haben.

Ich bin gerne zu Hause. Letztens zum Beispiel: Es war brüllend heiß, ich öffnete meine Zimmertür und mein Hund saß davor und wartete auf mich. Meine Mum schwamm im Swimmingpool und mein Bruder grillte mit seiner Freundin. Es war klasse.

Es war ein bisschen wie bei Ronan in Irland. Er und seine Frau Yvonne, die ich gut kenne, hatten mich eingeladen. Er hatte einen Gig, also ging ich zum Gig, und danach gingen wir essen und ich übernachtete bei ihnen. Yvonne ist so lieb, und als ich morgens aufwachte, war sie mit ihrem Baby da. Und auch die beiden Brüder von Ronan und seine Mutter. Ich mag es, aufzuwachen, und es sind Leute da.

Mit meiner Mum ist es fast wie in einer WG. Wenn sie sagt, sie bekommt Besuch, dann sage ich: „Okay, ich gehe!". Oder ich sage, ich habe Freunde eingeladen, dann sagt sie: „Okay, ich übernachte bei meinem Freund." Es ist toll. Die Freundin von meinem Bruder wohnt jetzt auch bei uns, das ist schön und lustig. Wenn mein Bruder ausgeht, bleibt sie manchmal da und wir schauen zusammen fern und klönen.

Melanie G

Jahrelang, seitdem ich nach London gezogen bin, habe ich immer aus dem Koffer gelebt. Aber als ich von der Tournee zurückkam, hatte ich endlich etwas Eigenes und mein Leben wurde etwas steter. Ich sehe mein Haus nicht als riesige Villa, sondern als mein Zuhause, meine Basis. Aber wenn ich ans andere Ende meines Gartens laufe und mich umsehe, nimmt es mir immer noch den Atem!

Melanie G

Ich glaube, man kann beides verbinden – eine gute Mutter sein, arbeiten und das tun, was man will. Phoenix wird mit mir ins Studio kommen – nicht den ganzen Tag, aber für eine Stunde oder so täglich. Ansonsten vermisse ich sie zu sehr. Ich war nur einmal von ihr getrennt, zehn Tage lang in Amerika – ich bin fast gestorben! Ich kann sie auch nie schreien lassen, aber wenn sie eingeschlafen ist, weiß ich, dass ich mich entspannen kann. Ich bin nicht eine dieser Mütter, die ihr Leben völlig aufgeben – wenn sie aufwacht, setze ich sie auf meine Hüfte, laufe mit ihr herum und tue, was ich tun will.

Victoria

Als Brooklyn geboren wurde, war das ein echter Schock für sein System. Die ersten fünf Wochen hatte er furchtbare Koliken. Sobald er die Augen aufschlug, schrie er. Die Wäsche, die anfällt, wenn man ein krankes Baby hat, ist unglaublich. Man verbraucht zehn Strampelhosen am Tag und ist nur am Wäschewaschen. Hinsetzen kann man sich auch nicht, denn sobald das Baby eingeschlafen ist, hat man tausend Dinge zu tun. Ich wollte ins Fitnessstudio gehen, um wieder in Form zu kommen – keine Chance. Ich habe ja nicht einmal fünf Minuten um aufs Klo zu gehen. Sogar wenn ich pinkeln muss, dachte ich: „Beeil dich!"

Trotzdem muss man zusehen, dass das Baby sich in dein Leben einfügt, nicht umgekehrt. Wir haben Freunde, die Kinder haben und deren Leben sich nur um die Kinder dreht. Aber ich hoffe, Brooklyn lernt bald, ein bisschen flexibler zu werden. Er wird mit mir auf Tournee kommen, manchmal bei meiner Mutter sein und manchmal in Manchester.

Melanie C

Das Trainieren gibt mir viel Energie, ich esse gesünder und vitaminreicher. Ich habe immer Obst in meiner Tasche, falls ich einen Schub brauche. Auf der Tournee war es cool, weil wir Catering hatten und immer haben konnten, was wir wollten. Die Caterer waren klasse und haben sich toll um uns gekümmert – sie haben viel von unserem Lieblingsessen aus England für uns mitgenommen.

Ich mache im Moment Bodybuilding und esse deshalb sechs Mahlzeiten am Tag. Man kann sich nicht sechsmal am Tag zum Essen an den Tisch setzen. Deshalb trinke ich zum Frühstück einen Proteinshake, esse einen Snack am späten Vormittag, zum Beispiel Obst. Ich esse ein normales Mittagessen und am Nachmittag, so gegen vier, noch einen Shake. Abends esse ich wieder normal, und so gegen zehn oder elf esse ich meistens noch einmal.

Ich esse viel Fisch und Gemüse und habe auch wieder angefangen, Geflügel zu essen. Ich wollte eigentlich Vegetarierin sein, aber das geht nicht, weil ich versuche, muskulöser zu werden. Gemüse- und Sojaprotein ist gut, aber nicht so gehaltvoll wie Fisch. Fisch ist am besten, weil er Öl enthält, das sehr gut für Haut und Gelenke ist. Als Vegetarierin bekam ich nicht genug Protein. Ich habe Unmengen von Hülsenfrüchten gegessen, die viele Proteine und Kohlehydrate enthalten, aber das war nicht genug, besonders beim Gewichtheben und Bodybuilding.

Ich habe mit Bodybuilding angefangen, weil ich stark sein will. Natürlich gefallen mir die Muskeln auch, aber hauptsächlich will ich stärker werden. Wenn ich zum Beispiel einen schweren Koffer habe und ein Typ sagt: „Ich helfe dir damit" – Ich will meine eigenen Koffer tragen können. Ich will selbst die Marmeladengläser aufmachen, ohne einen Jungen um Hilfe bitten zu müssen.

Ich falle oft von einem Extrem ins nächste. Manchmal vernachlässige ich mich ein bisschen. Als ich arbeitslos war, war ich sehr unglücklich. Ich war richtungslos. Aber sobald ich meine Richtung gefunden hatte, ging es mir wieder gut. Aber ab und zu falle ich wieder dahin zurück. Ich feiere zu viele Partys und achte nicht so auf mich. So war es auch, als wir von der Tournee zurückkamen. Ich glaube, das war, weil das Leben einem so langweilig vorkommt, nachdem man unterwegs war.

Melanie G

Wenn wir nicht arbeiten, unternehmen Jim und ich so Sachen wie mit den Hunden spazieren gehen, einkaufen oder essen gehen. Es macht keinem von uns beiden etwas aus, wenn der andere mal allein mit seinen Kumpels ausgeht. Unsere Beziehung ist ziemlich offen und frei.

Victoria

Ich war von Anfang an eine „Natur-Mutter". Wohingegen meine Schwester nur eine Woche gestillt und Liberty dann die Flasche gegeben hat. Ich war eher eine „Erd-Mutter". Ich habe alles nach dem Buch gemacht. Mir hat das Stillen eigentlich ganz gut gefallen, aber Brooklyn war bald so hungrig, dass ich nicht mehr mithalten konnte. Er wollte andauernd gefüttert werden und ich war einfach erschöpft.

Ich möchte, dass Brooklyn ein so normales Leben wie möglich hat. Wenn wir Urlaub machen, ist es nicht leicht für uns, einfach ein Hotel zu buchen und am Strand zu sitzen. Das könnten wir natürlich, aber ich mag es nicht, wenn Brooklyn fotografiert wird.

Er wird sehr wohl erzogen sein, denn ich hasse ungezogene Kinder. Ich kann sie nicht ausstehen. Er wird kein verzogenes Gör werden. Das wird ziemlich schwierig werden, denn David kauft ihm einfach

Victoria

Sogar jetzt telefoniere ich ungefähr zehnmal mit David, wenn wir nicht zusammen sind. Und mindestens eine dieser Unterhaltungen dauert über eine Stunde. Ich weiß auch nicht, was wir immer zu reden haben, aber wir reden und reden und reden. Wir hatten schon immer viel gemeinsam.

Man sagt, es sei wichtig in einer Partnerschaft, auch gut befreundet zu sein – das sind wir. Ich rede mit David über die gleichen Dinge wie mit meiner besten Freundin, weil er eben auch so ein guter Freund ist. Viele Leute glauben, er sei nicht besonders helle und sage nicht viel. Aber wenn man ihn und seine Gefühle besser kennt merkt man, dass er sehr tiefgründig ist. Niemand außer mir sieht das, was irgendwie auch schön ist.

David ist sehr scheu und spricht selten über seine Gefühle – außer mit mir. Wir sind uns über die meisten Dinge einig, aber er ist auch ziemlich starrköpfig, obwohl viele Leute das gar nicht so bemerken. Er ist auf keinen Fall rücksichtslos. Er weiß, was er will, und lässt niemanden einfach so davonkommen.

Obwohl ich ziemlich unabhängig bin, bin ich doch auch ziemlich altmodisch. Ich würde nie sagen: „Ich gehe heute abend aus, mach, was du willst!" Es macht ihm nie etwas aus, wenn ich ausgehe, aber ich frage immer: „Macht es dir etwas aus? Kannst du auf das Baby aufpassen?" Ich bin keine dieser Frauen, die ihren eigenen Stiefel durchziehen muss, ohne Rücksicht auf andere.

alles. Aber wenn er älter wird, muss er lernen, dass er nicht einfach seinen Führerschein machen und ein BMW-Cabrio bekommen wird. Ich will, dass er den Wert von Geld kennt und versteht, dass er ein Glückspilz ist, und dass nicht jeder all das hat, was er hat. Ich will, dass er das wirkliche Leben kennt.

Melanie G

Im Oktober gehe ich zurück nach Amerika, um weiter an meinem Album zu arbeiten. Es ist wirklich eine gute Art sich mitzuteilen. Ich habe Songs über meine Kindheit geschrieben und darüber, was jetzt in meinem Leben passiert. Meine Stimme hat sich verändert und ich kann jetzt auch hohe Töne singen. Jetzt kann ich mich bei den hohen Tönen nicht mehr ausklinken.

Melanie C

Ich bin im Augenblick ziemlich egoistisch, deshalb habe ich wahrscheinlich auch niemanden kennengelernt. Ein Kind könnte ich jetzt gar nicht haben, weil ich nicht verantwortungsbewusst genug sein könnte. Wenn ich jemanden kennen lerne, dann weil es so sein soll, aber ich suche niemanden.

Es ist toll, weil ich niemandem Rechenschaft ablegen muss. Vieles rührt wahrscheinlich daher, dass meine Eltern sich scheiden ließen, als ich drei war und beide in weiteren Ehen andere Kinder hatten. Ich habe immer zu beiden Familien gehört, aber als Kind hatte ich das Gefühl, zu keiner richtig zu gehören. Das hat mich wahrscheinlich so unabhängig gemacht.

Melanie G

Am Anfang war es echt komisch, von den Girls getrennt zu sein. Ich stürzte mich in den Umzug und die Renovierung meines Hauses. Aber es war schon seltsam, aufzuwachen und zu überlegen, was liegt heute an? Ich muss Emma in ihrem Zimmer anrufen, mit Victoria reden und mich mit Melanie abstimmen. Dann wurde mir bewusst, dass ich nichts von dem tun musste, weil ich ja zu Hause war.

Melanie C

Als die Tournee zu Ende war, hatte ich im Hinterkopf, dass ich solo arbeiten wollte, und es klappte besser, als ich es mir erträumt hatte. Ich hatte eine tolle Zeit bei den Aufnahmen in L. A., und ich bin sehr zufrieden.

Ich hatte das Glück, einen musikalischen Hintergrund zu haben. Ich habe immer die Platten meiner Mum gehört – viel Beatles, Stevie Wonder und den ganzen Tamla-Motown-Kram. Sie hatte sogar Led Zeppelin und Deep Purple in ihrer Sammlung. Ich habe also immer eine wilde Mischung gehört – inklusive klassischer Musik. Ich habe als Kind nie viel gelernt, weil ich zu beschäftigt war mit Tanzen, aber eine Menge davon habe ich wohl trotzdem einfach aufgesogen. Ich habe nie gelesen, um meinen Wortschatz zu erweitern, deshalb war ich echt erstaunt über mich selbst, als ich meine Songtexte geschrieben habe.

Melanie C

Es war Wahnsinn, das Album rechtzeitig fertigzustellen. Ich bin gerade im letzten Stadium des Abmischens. Es passiert jeden Tag so viel, dass ich es kaum fassen kann. Ein Paar Leute nehmen Streicher in dem einen Studio auf, ich beende die Gesangsaufnahmen in einem anderen, in einem weiteren Stadtteil werden die Songs abgemischt und ich hetze raus und höre mir die Arrangements an. Aber L. A. ist eine wunderbare Stadt, um ein Album aufzunehmen. Es gibt so viele Studios und Musiker hier. Ich habe schon in sechs oder sieben Studios gearbeitet, und an jeder Straßenecke in Hollywood scheint es zwei riesige Studios zu geben.

Victoria
Wenn David weiß, dass ich zu einem Spiel komme, will er mich vor Spielbeginn immer gerne noch einmal sehen. Bei dem Spiel in Barcelona ging er über das Spielfeld und suchte überall nach mir. Alle Freunde von David, die wussten, dass ich kommen wollte, sagten: „Wo in aller Welt steckt sie bloß?" David machte sich Sorgen, weil er dachte, ich wäre am Flughafen und wüsste nicht weiter. Aber es war schlimmer: Meine Eintrittskarte war nicht im Hotel hinterlegt, und sie haben mich erst nach vielem Hin und Her ins Stadion gelassen. Als sie gerade anfangen wollten, kam ich die Treppe herunter, mit wirren Haaren und einer großen Sonnenbrille, weil meine Schminke verschmiert war. Sobald David mich sah, entspannte er sich. Ich bin also gerade rechtzeitig gekommen.

Melanie G
Unsere Hochzeit war atemberaubend! Wir waren zwar noch nicht in unser Haus eingezogen, haben aber auf dem Grundstück gefeiert. Das war ein schöner Anfang für ein Familienleben.

Victoria
Anfangs wollte ich gar nicht so eine riesige Hochzeit und um ehrlich zu sein, hätte ich auch sofort geheiratet. Aber das ist die einzige große Hochzeit in unserer Familie. Am Ende waren wir froh, dass wir unsere Bilder an OK! verkauft hatten, denn wir hätten die Sicherheitsvorkehrungen gar nicht alleine bewältigen können. Die Medien hatten die Sache so hochgeschaukelt, dass es gut war, die Unterstützung der Zeitschrift zu haben. Im Grunde habe ich dem Koordinator gesagt, was ich haben will, und das hat dann auch Spaß gemacht.

Ich werde auf einem großen Thron sitzen mit roten und lila Teppichen überall. Wenn ich nicht irgend so etwas machen würde, würden sie mich kreuzigen. Also dachte ich mir, ich mache etwas, was allen Spaß macht, auch wenn es nicht genau das ist, was ich mir vorstelle. Wenn ich alles so hätte, wie ich es will, dann gäbe es Rhythm & Blues und abends Soul- und Tanzmusik. Aber jetzt gibt es Musik und Essen, das jeder mag. Ich kann diese kleinen Häppchen nicht ausstehen, also gibt es ein richtiges Mahl, wie zu Weihnachten.

Mein Kleid geht ans Victoria & Albert Museum. Sie haben darum gebeten und ich fand es wäre toll, wenn sie eine Wohltätigkeitssache daraus machen würden. Wenn sie es haben wollen, müssen sie der Meningitisstiftung etwas spenden. Dann ist es für einen guten Zweck. Es gibt so viele zynische Leute, vor allem Journalisten, und ich will nicht, dass jemand denkt: „Was glauben die eigentlich, wer sie sind?"

Eine Menge Leute haben erwartet, dass ich ein enges, kurzes Nichts als Hochzeitskleid tragen werde, aber es ist genau das Gegenteil. Es ist eher Scarlett-O´Hara-haft, weil ich so etwas immer schon haben wollte.

Victoria
Es ist seltsam, weil wir finden, dass wir eigentlich ziemlich normal sind. Wir hocken zu Hause und kleiden uns sehr leger. Dann gehen wir aus, die Fotografen knipsen wie wild, und wir fragen uns am nächsten Tag: „Wie sehen wir aus in der Zeitung?" Natürlich kann man nicht damit leben und es einfach ignorieren, aber das gehört einfach mit dazu: „Was denken sie von uns?" Trotzdem weiß man, dass man nicht am Boden zerstört wäre, wenn jemand schreiben würde, man sei fett und hässlich, weil es ja schließlich nur die Meinung eines Einzelnen ist.

Victoria
Kürzlich kam eine Freundin zu Besuch zusammen mit einer anderen Freundin und deren zweijähriger Tochter. Als sie wieder zu Hause waren, sagte das kleine Mädchen: „Ich habe heute mit Baby Brokkoli gespielt!" Der Name blieb hängen - mein kleiner Brokkoli! Ich möchte auf jeden Fall noch mehr Kinder, aber nicht gleich. Aber ich glaube ans Schicksal. Manchmal lassen sich die Dinge nicht planen, und wenn es passiert, passiert es eben!

Melanie G
Phoenix ist eine echte Persönlichkeit. Sie sieht genauso aus wie Jim und sie ist sehr eigenwillig, schon wie sie einen anschaut. Aber sie ist auch eine Kichertante und ein bisschen verrückt. Sie hat ruhige und dann wieder richtig verrückte Momente, in denen sie nur schreit und plappert und tritt.

Victoria
Ich werde meine eigenen Projekte bestimmt zu einem anderen Zeitpunkt durchziehen. Ich bin ehrgeizig, aber im Moment sehr zufrieden mit dem, was ich habe.

Melanie C
Als Kind wollte ich überall die Beste sein, weil ich mich ein bisschen wie das fünfte Rad am Wagen fühlte und mir die Liebe und Aufmerksamkeit meiner Eltern verdienen wollte. Auch jetzt versuche ich, niemanden je zu enttäuschen.

Emma
Ich war noch nie ein Workaholic und auch nie eine wilde Partymaus. Ich tu alles in Maßen. Ein paar Wochen lang bin ich ausgegangen, habe Freunde besucht und habe mich amüsiert. Jetzt denke ich: Okay, ich bleibe ein Weilchen zu Hause bei meiner Familie. Aber dann sorge ich mich auch, weil ich so faul bin.

Melanie C
Ich arbeite gerne viel. Es gibt so viel zu tun und das Leben ist so kurz. Mein Album aufzunehmen war so anders, weil es mein eigenes Projekt war. Der Erfolg der Spice Girls hat mich in die Lage versetzt, mit ganz tollen Leuten zu arbeiten. Jeder will mit den Spice Girls arbeiten – das ist ein Glück für mich, und ich mache das Beste daraus.

Victoria

Ich werde wahrscheinlich vor dem nächsten Jahr keine eigenen Projekte machen. Ich will nichts überstürzen und sichergehen, dass ich das Richtige tue. Ich würde gerne schauspielern, aber wenn ich eine schlechte Rolle übernehme, könnte mir das ziemlich schaden.

Emma

Ich habe jetzt mit einigen Produzenten gearbeitet, die sich Tin Tin Out nennen. Die sind echt nett. Sie haben auch schon mit den Corrs gearbeitet und machen gerade ein Projekt mit Salt´n Pepper, aber sie sind auch selbst Künstler. Ich habe eine Aufnahme mit ihnen gemacht und sie wollen mit mir zusammen schreiben, was ich toll finde.

Ich würde gerne ein Soloalbum machen, aber ich will mir damit Zeit lassen. Ich möchte gerne über meine Erfahrungen schreiben und was ich so durchgemacht habe. Wir haben schon über das Touren geschrieben und jetzt ist es an der Zeit, zu Hause zu sein, mehr über mich selbst zu lernen, Zeit mit meinen Freunden zu verbringen und mit anderen Leuten zusammen zu sein, damit ich dann wirklich losziehen und ein paar gute Songs schreiben kann. Ich will darüber schreiben, wie ich so zurechtkomme, was ich über mich selbst gelernt habe, wie es ist, wieder zu Hause zu sein – so etwas.

Melanie C

Es ist sechs Monate her, dass wir zusammen gearbeitet haben, und ich freue mich drauf, wieder mit den anderen ins Studio zu gehen.

Melanie G

Es sieht aus, als würde das nächste Jahr echt explodieren! Das Spice-Album kommt raus, mein Soloalbum auch und ich will wieder auf Tournee gehen. Letztens habe ich mit Emma darüber gesprochen, dass wir das letzte Mal bei unserer Tournee einen großen Teil der Welt ausgelassen haben. Ich finde, wir sollten das nächste Mal unbedingt nach Südamerika, Japan und Australien. Wenn, dann singen wir sicher alte und neue Sachen, das wäre eine gute Mischung. Egal wohin wir gehen, ich freue mich darauf, wieder auf der Bühne zu stehen.

Melanie G

Ich freue mich auf die Gigs im Dezember. Es ist Wahnsinn, wie schnell die ausverkauft waren. Es macht bestimmt Spaß, nach so langer Zeit wieder zusammen aufzunehmen. Vielleicht ist es am Anfang ein bisschen seltsam, sich in dieser Umgebung wiederzutreffen. Emma war in der Zwischenzeit allein im Studio, genau wie Melanie und ich. Wenn man allein im Studio ist, kann man alles auch selbst bestimmen, mit anderen zusammen muss man Kompromisse eingehen und einander motivieren, damit die Stimmung stimmt.

Melanie C

Ich glaube, alles passiert zu einer bestimmten Zeit aus einem bestimmten Grund. So ist das eben. Das Leben ist wie ein langes Theaterstück. Früher war ich mal bei Wahrsagern, jetzt ist mir das egal. Ich freue mich auf die Zukunft. Die ist so aufregend!

Abbey Road Studios, London. August 1999.

EIN ACHTERBAHN-MUSIC-BUCH

1. Auflage 2000
Achterbahn AG, Kiel

DIE SPICE GIRLS DANKEN
David Beckham
Jimmy Gulzar
Jade Jones
Louie Spence
Carmine Canuso
Eszteca Noya
Robert Nurse
Christian Horsfall
Takao Baba
Alan Cumming
Vernon Hamilton
John Poole
Andy Bishop
NYPD
Richard Jones
Kenny Ho
Karin Darnell
Jennie Roberts
Simon Ellis
Andy Gangadeen
Paul Gendler
Fergus Gerrand
Steve Lewinson
Michael Martin
Andrew Thompson
Mike Brookes
Virgin Records
Nancy Phillips
Julie Cooke
Jamie Vickery
Julia Curnock
Jo Allen
Ying

Photography by Dean Freeman
Words by The Spice Girls and Rebecca Cripps
Design by Alexander Boxill
And Jean-Michel Dentand and Grace

Edited and produced by Grace

Texts and photographs copyright 1999 ©Spice Girls Ltd

Das Werk einschließlich aller seiner Teile ist urheberrechtlich geschützt. Jede Verwertung außerhalb der engen Grenzen des Urheberrechtsgesetzes ist unzulässig und strafbar. Das gilt insbesondere für Vervielfältigungen, Übersetzungen, Mikroverfilmungen und die Einspeicherung und Verarbeitung in elektronischen Systemen.

Die Deutsche Bibliothek-CIP-Einheitsaufnahme

Spice Girls, Rebecca Cripps, Dean Freeman (Fotos)
Forever Spice
1. Auflage Kiel : Achterbahn AG, 2000
ISBN 3-89719-301-9

Achterbahn AG
Werftbahnstr. 8
24143 Kiel
www.achterbahn.de

Druck: Offizin Andersen Nexö Leipzig
Übersetzung: Sabine Rahn
© für die deutsche Ausgabe: Achterbahn AG, Kiel
© für die englische Ausgabe: Little, Brown and Company (UK),
Brettenham House, Lancaster Place, London W2E 7EN